JN436677

남북상징어사전

이 도서의 국립중앙도서관 출판시도서목록(CIP)은 e-CIP 홈페이지
(http://www.nl.go.kr/ecip)에서 이용하실 수 있습니다.
(CIP제어번호: CIP2011003774)

실천시선 194

남북상징어사전

하종오

실천문학사

차례

제1부

제2부

제3부

제4부

제5부

제1부

두 하종오 씨의 순례
—상상도

서울 시민 하종오 씨는 걸어서 평양 가고
평양 시민 하종오 씨는 걸어서 서울 간다
두 하종오 씨는 옛 비무장지대에 다다라
호기심 가득한 얼굴로 돌아다니다가 마주치자
멋쩍어 눈인사하지만 동명이인인 줄 모르고
목적지까지 얼마나 걸릴지 서로에게 묻은 다음
지방도시 사는 시민이려니 여기고 금세 잊는다
서울 시민 하종오 씨는 처음 밟는 북한 길 걷다가 쉬고
평양 시민 하종오 씨는 처음 밟는 남한 길 걷다가 쉰다
평양에 도착하고 서울에 도착하기까지 찬찬히
각각 도로 표지판이며 간판 글자며
집 모양새며 옷매무새며 산봉우리며 강줄기며
두 하종오 씨는 낯설어하며 두 눈에 담다가
문득 경건해져서 더욱 찬찬히 걷는다

하종오 씨

하종오 씨는 남한에도 북한에도 살고 있을 것이다
남한 거주자 하종오 씨와 북한 거주자 하종오 씨가
무엇이 다르고 어디가 같은지 나는 알 수 없다

남한 거주자 하종오 씨는 남북 전쟁 후에 출생했는지
직장에 비정규직으로 다니며 불안장애 앓는지
북한 거주자 하종오 씨는 남북 전쟁 전에 출생했는지
협동농장에서 삽질하며 배곯는지
개인 정보를 전혀 알 수 없지만
내가 아는 건 하종오 씨들도 나를 모른다는 것이다

그래도 하종오 씨들은 각각 남한에서도 북한에서도
하종오 씨로 살아남았다는 것이 소중하니
일 없이도 남한과 북한을 오갈 수 있게 되는 날,
가로수 그늘 아래에서 만나 쉬며 통성명하다가
남한 거주자 하종오 씨와 북한 거주자 하종오 씨가
동명이인인 줄 알고 얼싸안으면

슬그머니 내 이름도 하종오라고 밝혀야겠다

그래서 하종오 씨들이 하, 하, 하, 웃으며
말이나 트고 지내자고 이구동성 말하면
남한 밖에나 북한 밖에나 다른 하종오 씨가
더 있는지 찾아보자는 의견을 나는 내겠다
새 붙잡아 날갯짓 시늉하는 하종오 씨든
바람 붙들며 사지 흔들거리는 하종오 씨든
구름 움켜쥐고 빗소리 듣는 하종오 씨든
하종오 씨들이 다 찾아지면 그중에서
연소자 하종오 씨를 앞에 불러내
앞으로 열심히 살라고 박수 쳐주고
연장자 하종오 씨를 앞에 모셔 앉히고는
그간 사느라 고생 많았다며 큰절하겠다

동갑내기 하종오 씨들

남북 전쟁이 끝난 후
모년 모월 모일 동시에
남한에서 태어난 사내아이와
북한에서 태어난 남자아이가
하종오라는 이름을
각각 부모님으로부터 받았다

사내아이와 남자아이는 서로
생년월일이 같은 것도 모르고
성명이 같은 것도 모르고
남한과 북한에서 자라났다

이런 하종오 씨들은 동갑내기였지만
남한에서는 독재 정권이 세워졌다가 무너지기까지
북한에서는 세습 정권이 세워졌다가 튼튼해지기까지
아이 적에는 길바닥에서 흙장난하다가
소년 적에는 학교 다니며 공부하다가

청년 적에는 결혼하여 직장에 다니다가
중년 적에는 일자리가 없어 서성거리다가
노년에 이르러 자식들이 아비 어미 되어 다 떠나가자
남한에서 살기 좋아진 하종오 씨는
구경거리 찾아서 북한에 가고 싶어했고
북한에서 살기 힘들어진 하종오 씨는
먹을거리 찾아서 남한에 가고 싶어했다

다 같이 사내아이로 남자아이로 태어났던
동갑내기 하종오 씨들은 남한과 북한에서
각각 다른 꿈을 꾸며 살아낸 줄 모른 채
한 번 만나 통성명도 하지 못하고 죽었다

하종오 씨들

북한 탈출자 하종오 씨가
일자리를 찾으러 다니다가
남한 토박이 하종오 씨를
우연히 만나 통성명하다가
동명이인인 걸 알고 반가워했으나
서로 신분이 다르다는 걸 알고는
멋쩍어하며 돌아섰다

북한에서 하종오 씨가
결코 공평한 국가가 없다는 걸 알고
남한을 동경했을 때
남한에서 하종오 씨가
아직 폐쇄된 국가가 있다는 걸 알고
북한을 경원했을 때
이 세상에 자신과 다른 하종오 씨가 있어서
더 잘살거나 더 못살 거라고는 생각하지 못했다

하종오 씨들이 헤어져 집에 돌아가서
무엇이 같은지 무엇이 다른지
아무리 생각해봐도
같은 건 성명이라는 것이고
다른 건 출신 국가라는 것이었다
아니었다 다른 것이 더 많았다

남한 토박이 하종오 씨는
회사에 정규직으로 다니고
자식을 키우고
물려줄 유산이 있다는 것이다
북한 탈출자 하종오 씨는
실직자로 구인 광고지를 뒤적이고
가족을 버려두고 왔고
상속할 재산이 없다는 것이다

이산가족 하종오 씨의 인상 깊은 이야기

하종오 씨는 일부러 이산가족 상봉 신청을 하지 않았다고 했다
부모님이 남겨놓은 강원도 야산을 다 팔아먹었으므로
만날 수 없고 만나도 할 말이 없기 때문이라고 했다
왜 자식만 이남에 두고 이북으로 갔는지도 알 수 없다고 했다

하종오 씨가 사업하다가 망하고 나서 가장 걱정한 것은
만약 남북 간에 자유롭게 왕래할 수 있을 때
부모님이 자신을 만나러 내려오는 일이라고 했다
혹시나 강원도 야산에 올라가 보자고 채근하면
혹시나 북한에서 가난에 너무 개고생을 하여서
강원도 야산을 팔아 돈 챙겨서 돌아가겠다고 하면
사업의 흥망을 이해되게 설명할 수가 없다고 했다
그런 날에 기껏 대놓고 할 수 있는 말이라면
왜 자식만 이남에 두고 이북으로 갔느냐고 반문하는 일이라고 했다

이것이 하종오 씨와 내가 나눈 대화 중 인상 깊은 이야기다
아마도 이제 부모님은 살아계셔도 치매에 걸려
강원도 야산을 잊었을지도 모른다는
억지소리로 안심시키려고 했지만
끝말로 하종오 씨가 얼굴도 모르는 동생이 탈북하여 찾아와서
강원도 야산을 잘라서 제 몫을 달라 하면
어떻게 대답해야 하느냐고 울먹였을 땐
나는 아무런 헛말도 더 이상 하지 못했다

이남 출신 하종오 씨의 귀향

하종오 씨가 돌아온다 해도
고향 길 찾기가 어렵다
산모롱이 돌면서 눈에 담아두었던
동구 밖 느티나무는 쓰러졌고
집 뒤란 오동나무는 베였고
우리 옆 감나무는 꺾였다
징검다리 건너며 눈에 담아두었던
좁은 고샅길은 넓어졌고
비뚤비뚤하던 논둑길은 곧아졌고
흙먼지 일던 신작로는 포장되었다
휴전 전에 북으로 걸어서 떠난 하종오 씨가
남으로 돌아와 차를 타고
내비게이션에 주소를 친 뒤
안내하는 대로 달린다 해도
앞산에는 봉우리들이 깎여 있고
앞들에는 무논들이 메워져 있고
동네에는 집들이 무너져 있어

지금껏 마음에 담아둔 지리와는
전혀 다른 곳에 도착한다
거기서 눈에 밟히는 것들 찾으려 해도
조부모님이 돌아가시며 틔어놓고
부모님이 돌아가시며 넓혀놓은
저승길을 따라가는 이웃들만 어른거릴 뿐이지만
죽기 직전인 하종오 씨가
해를 올려다보고 그림자를 내려다보며
고향 땅에 발을 내디디면, 허방이다

실업자 하종오 씨의 시절들

하종오 씨는 고교생 시절에
금강산 관광했다
모범학생 통일교육 행사였던가
지금 성인이 된 하종오 씨는
정확하게 기억하지 못한다
기슭에 나무들 푸르고 골짝에 물 흐르는
금강산과 개인적인 정서도 인연도 없는
하종오 씨가 고교생으로 다녀왔다곤 해도
산봉우리 쳐다보고 왔을 뿐이어서
북한에 대해 어떤 감정도 가질 수 없었다

하종오 씨는 직장인 시절에
개성공단에 체류했다
완제품 점검하는 담당이었던가
지금 실업자가 된 하종오 씨는
남다른 감회 없다
공장 새로 세워지고 도로 잘 닦인

개성공단과 개인적인 손익도 연고도 없는
하종오 씨가 직장인으로 다녀왔다곤 해도
회사에서 봉급 받고 근무하고 왔을 뿐이어서
북한에 대해 어떤 판단도 내릴 수 없었다

하종오 씨는 남한에 대해서도
여행하면서 어떤 감정 가진 적 없고
노동하면서 어떤 판단 내린 적 없다
이전이나 이후에 더 많은 시절 힘겹게 산 하종오 씨는

광고기획자 하종오 씨의 구상

남한에서 차 타고 가다 보면
시야가 확 트인 기슭이나 벌판에만
서 있는 야외 광고판을
북한에서도 보게 될 날을
광고기획자 하종오 씨는 손꼽는다

그날을 위하여
지도를 살펴보며 좋은 위치를 잡고
새로운 디자인과 설치 기술을 연구하고
구매력을 가진 소비자 수를 추산하는
멀지 않은 현재의 일에 그는 매력을 느낀다

남한에서 살아남은 기업은
북한에서도 살아남는다는 신념을 가진 그,
턱없는 낙관이기는 해도
남한의 자본과 북한의 노동이 결합하면
야외 광고판을 수두룩하게 세울 수 있다는 그,

그런 말이야 맞는 말이지만
광고기획자 하종오 씨는 북한에 가볼 수 없어
언제나 남한의 기준으로 구상해볼 뿐이다
산기슭이나 벌판에서 산야초 뜯어 먹는 북한 인민들에게
야외 광고판이 먹히겠다고 판단하는 것이
난센스일지도 모른다고 그는 염려하면서도
남한에서 가능했으니 북한에서도 가능하다고 믿는다

전쟁고아 하종오 씨의 자문(自問)

생년월일이 육이오전쟁 때인 하종오 씨는
실은 부모님이 누군지 모른다
부모님을 한 번도 본 적 없다
북한에 살고 계시는지
남한에 살고 계시는지
하종오 씨가 궁금해한 적 있어도
대답해줄 이 아무도 없다
하종오 씨가 부모 되어 자식을 낳은 뒤에야
아버지가 누군지 모르는 것이
누군지 모르는 어머니를 위하여
어머니가 누군지 모르는 것이
누군지 모르는 아버지를 위하여
자신이 차릴 수 있는 예의라는 걸 알았다
육이오전쟁이 한창이었을 때
한밤중 피난길에 핏발 선 젊은 아비가 겨눈 총부리 앞에서
겁에 질린 젊은 어미가 살아남기 위해 무얼 할 수 있었

겠는가

아비는 인민군이었는지 국방군이었는지
어미는 이북 사람이었는지 이남 사람이었는지
지금 곁을 스쳐 지나가도 알 수 없다고 중얼거리며
하종오 씨는 자문한다
남한 국민과 북한 인민이 마음대로 오가게 되면
자신에게 경사가 생길까

전후 출생 하종오 씨의 생각

하종오 씨의 할아버지 할머니는
다 큰 딸을 잃었다고 했고
하종오 씨의 아버지 어머니는
갓난 아들을 잃었다고 했다

요컨대 육이오전쟁 중에
하종오 씨의 고모와 형이 죽었다는 것이다
전쟁 후에 태어난 하종오 씨는 모르겠지만
할아버지 할머니와 아버지 어머니는
이 세상에서 자식을 먼저 떠나보내어서 가슴 아파
전쟁만 일어나지 않았어도 살릴 수 있었다고 믿고 계셨다
어느 쪽의 총에 맞아 죽었는지는 말하지 않았다

육이오전쟁과 상관없는 하종오 씨를 데리고
할아버지 할머니와 아버지 어머니는
죽은 딸과 아들을 추념하려 하지는 않았다

그 모든 것 다 하종오 씨에겐 궁금한 인생의 일이 아니었다

전쟁이 터져 제 자식이 죽는 일은 기필코 없어야 한다고 생각했다

상상력 없는 하종오 씨의 상상

수용소에서 임신한 여자가 발길에 채여
낙태 당하는 광경을 목격했다는 증언을
너무 많이 들어왔는데도
남한에서 연애한 하종오 씨는 상상하지 못한다
수용소에는 놀 수 있는 마당이 있는지
여름에는 쉴 수 있는 그늘이 있는지
겨울에는 해바라기할 수 있는 볕받이 있는지
하종오 씨가 궁금해하는 이런 점은
수용소에 끌려갔던 탈북자가 들으면
실소를 금하지 못하겠다 싶기는 해도
남한에서 감옥에도 가보지 못한
하종오 씨는 더 이상 상상하지 못한다
수용소 귀퉁이에 빈 땅이 있어
조금씩 나누어서 고랑과 두둑을 일구고
씨를 뿌릴 수는 있지 않을까
이런 점도 남한에서만 할 수 있는 잡생각이다
한 탈북자는 배고파 곡식을 훔쳐 먹었다 해서

공개 총살하는 광경을 봤다고 고발하고
다른 탈북자는 남북 전쟁이 일어나면
남한과 싸우기 전에 먼저
인민 대중과 권력층 사이에 죽고 죽이려는
내전이 벌어져 북한이 몰락할 거라는
추측도 서슴없이 나오지만
남한에서 북한으로 가본 적 전혀 없는 하종오 씨는
증언을 들을 때마다
최악의 상태를 상상하기가 불가능하다

이상한 나라의 주민 하종오 씨

개성에 관광객으로 온 하종오 씨는
초목들 자라지 않는 산천과 마주하면서
주민들 꺼칠한 모습을 스치면서
차들 없는 거리를 지나가면서
이상한 나라가 아닌지 의문스러워했다

서울에서 생활하는 하종오 씨는
평일엔 승용차 운전해서 출퇴근하면서
기념일엔 가족과 고급 식당에서 외식하면서
주말엔 등산하다가 나뭇가지를 꺾으면서
이상한 나라인지 의아해했다

곱씹어 생각해보니
남한에서 살아온 국민과 북한에서 살아온 인민은
말투와 생김새가 같은데
여기가 이상한 나라로 진화했는지
거기가 이상한 나라로 퇴화했는지

하종오 씨는 정말로 이해할 수 없다고 말하지만
날이 지날수록 분명하게 드는 생각은
개성에서는 두려워서 살 수 없을 것 같은 자신과
서울에서만 편안하게 살 수 있을 것 같은 자신이
이상한 나라의 주민으로 취급받을 순 없다는 것이었다

늙은 직장인 하종오 씨

하종오 씨는 이따금
북한 탈출자의 심정을 헤아려본다
독재 정권 때 남한에서 도망치고 싶긴 했어도
조국을 떠난다는 것은
평생 머물 국가를 버린다는 것이기에
그 시절부터 직장 다녔던 하종오 씨는
세 끼니 때울 수 있어 감행하지 않고
퇴근 후까지 이어지던 데모대에 합류하곤 했지만
배고파서 국경을 몰래 넘는 자들을
죄인이라고 서술한 경전은
어느 나라에도 없다고
요즘 와선 손바닥으로
아무 바닥이든 자주 친다
젊은 엄마가 물배 출렁거리며
흙바닥을 걸어가다가 퍽 주저앉아 죽고
품속에서 빈 젖 빨던 젖먹이도 죽었단 소문 듣고
정년퇴직 멀지 않은 직장인 하종오 씨는 속생각한다

영원히 배불리 먹게 해주겠다고 선포한 조국이
주민에게 땟거리 마련할 직장마저 주지 않는다면
탈출하는 건 자연스러운 일이라고

하종오 씨도 덕 보거나 피 본다

하종오 씨가 좋아하거나 싫어한다 해도
남한 국민들과 북한 인민들이 만나면
그 사이에서
덕 보는 사람들이 있거나
피 보는 사람들이 있다

남한 국민들과 북한 인민들이 만나지 않아도
남한 국민들 사이에서
덕 보는 사람들이 있거나 피 보는 사람들이 있고
북한 인민들 사이에서
덕 보는 사람들이 있거나 피 보는 사람들이 있다
하종오 씨도 그럴 수 있다
남한에서나 북한에서나
비가 오면
비 맞는 사람이 있고 비 피하는 사람이 있고
햇빛이 내리면
햇빛 쬐는 사람이 있고 햇빛 가리는 사람이 있다

하종오 씨가 아무리 좋아하거나 싫어해도
남한 국민들과 북한 인민들이 실컷 만나도록 놔두면
서로 간에 덕 보고 싶은 사람들은 만날 수도 있고
서로 간에 피 보고 싶지 않은 사람들은 안 만날 수도 있다

종단 열차 승객 하종오 씨들
—상상도

그가 부산역에서 출발한다고 전화할 때
하종오 씨는 서울역에서 기다리다가
시각에 맞춰 타겠다고 대답한다
햇빛이 비스듬하다

그녀가 신의주역에서 출발한다고 전화할 때
다른 하종오 씨는 평양역에서 기다리다가
시각에 맞춰 타겠다고 대답한다
햇빛이 비스듬하다

종단 열차는 고속으로 질주하고……
그에게 북한에 가서 무얼 하려는지 묻지도 않는
하종오 씨, 평양에 볼일이 있으니
싼 물건을 떼어서 서울로 가져가 팔려는 것,
동석하니 북한에 관해 수다스럽다
종단 열차는 고속으로 질주하고……
그녀에게 남한에 가서 무얼 하려는지도 묻지 않는

다른 하종오 씨, 서울에 볼일이 있으니
일당을 벌어서 평양으로 돌아가 식료품 사려는 것,
동석하니 남한에 관해 수다스럽다
종단 열차는 고속으로 질주하고……

그와 그녀는 서로 모르는 사이,
하종오 씨와 다른 하종오 씨는 서로 모르는 사이,
서울역에선가 평양역에선가
상하행선이 같은 시각에 정차하면
플랫폼에서 타고 내릴 때 잠시 스친다
공중에는 득시글득시글한 햇빛들
남한을 그리던 북한 관광객들이나
북한을 그리던 남한 관광객들이나
가방을 메고 와자지껄하다

전후 하종오 씨네 가계
—상상도

지구에서 남북 전쟁이 종료된 지
1년쯤 후 하종오 씨의 할아버지가 태어났고
30년쯤 후 하종오 씨의 아버지가 태어났고
60년쯤 후 하종오 씨가 태어났다

조상들은 서로 총질하던 모습들을
길가에 숨겨놓고 산속에 숨겨놓고
물속에 숨겨놓고 공중에 숨겨놓고
하종오 씨의 할아버지와 하종오 씨의 아버지와 하종오 씨를
지구 가운데 놔두곤 지구 밖으로 떠났다

하종오 씨의 할아버지와 하종오 씨의 아버지와 하종오 씨는
길을 걷다가 헛발을 삔고
산을 오르다가 기슭을 맴돌고
강에서 헤엄치다가 물을 먹고
공중에서 뛰다가 허방을 디디기도 하면서
지구에서 불안정하게 숨 쉬어야 했다

결코 남북 전쟁에 참가한 적 없는
하종오 씨의 할아버지와 하종오 씨의 아버지와 하종오 씨를
소스라치게 하고 두려워하게 했다니
조상들은 지구를 돌아다보며 이젠 참 부끄러워할 것이다

제2부

옥수수밭

마리오 예페즈 씨가 옥수수밭에 나와
하염없이 서 있는 날이면
꼭 한국인들이 관광버스 타고 지나간다
한국전쟁에 참전했던 병사 때
옥수수밭에 매복하다기
배고파 덜 여문 옥수수 씹어 먹었는데
총소리 났고 일순간 왼팔이 덜렁거렸다
가난한 사람이 잘할 수 있는 농사도
가난한 사람이 잘 먹을 수 있는 음식도
옥수수로 알았던 마리오 예페즈 씨,
부상 입고 콜롬비아 고향 집으로 돌아왔다
자신이 왜 다른 나라 전장에 가야 했는지
신과 콜롬비아인 중 누가 아는지 의문하면서도
오른팔이나마 성한 걸 다행스러워하며
옥수수 심고 가꾸는 농사꾼으로 다 늙어왔다
그런 점엔 무관심한 한국인들이 관광버스 안에서
마리오 예페즈 씨가 멋져 보여 사진 찍어댄다

몰이꾼

다리 저는 늙고 늙은 부르투케 카사예 씨는
자신에게는 지팡이가 되고 양들에게는 회초리가 되는
나무막대기 하나로 해종일 몰이를 하고 돌아다닌다

한국전쟁에 참전했다는 이유로
에티오피아에 들어선 공산 정권에게
직장을 빼앗기고 도시를 떠나
시골에서 몰이를 하며 살아온
그사이에 공산 정권은 무너졌고
여전히 한국은 휴전 중이지만
자신의 의지와는 상관없던 일이라고 여기는
양몰이꾼 부르투케 카사예 씨,
에티오피아 시골 사람들이 키운 커피 열매를
한국 도시 사람들이 좋아한다고 해서 반갑고
광물질을 탐사하러 마을에 들어온 한국 사람들이
에티오피아 사람들보다 잘산다고 해서 낯설다

한국전쟁 때 적군을 몰아 몰살하려다가 총 맞고
다리 절게 된 늙고 늙은 부르투케 카사예 씨는
자신에게는 지팡이가 되고 양들에게는 회초리가 되는
나무막대기 하나로 해종일 몰이를 하고 돌아다닌다

요행수

한국계 브라질 사업가 알렉산드레 최 씨는
한국이라는 나라가 몹시 궁금하다
북한에서 태어나서 자라 전장에 끌려갔다가
남한에 붙잡혀서 반공 포로로 석방될 때
제삼국 브라질을 택해 건너왔다는 아버지는
고향을 북한이라 하고 고국을 남한이라 했을 뿐
한국에 대해 더 이상 가르쳐주지 않았고,
브라질에서 출생하고 성장한 알렉산드레 최 씨는
그 말을 도무지 알아들을 수 없었다
아버지의 눈빛과 몸짓이 어디 사람들과 더 흡사하고
어디 하늘과 산과 바람 소리를 더 닮았는지 안다면
어쩐지 그 말을 쉽사리 이해할 수 있을 것만 같았다
이따금 해외 뉴스를 보면
남북 이산가족 상봉이 이루어지기도 했고
남한 주민은 북한으로 관광 간 적 있어도
북한 주민은 남한으로 관광 간 적 없었다
한국계 브라질 사업가 알렉산드레 최 씨는

남한엔 갈 수 있고 북한엔 갈 수 없어도
남한 회사에다 제품을 주문하면 북한 공장에서 생산하여
브라질로 수입할 수 있다는 정보를 접하곤
그 사업이 가능한지 알아볼 계획을 세웠다
사업체를 물려주고 치매에 든 아버지가
그렇게 만들어져 들여온 제품을 보면
혹시나 볼 때만이라도 정신이 돌아오지 않을까
요행수를 바라는 것이다

그곳 지명

중국 농촌에서 가난하게 살아온 첸샤우웬 노인,
한국 농촌에 축산 노동자로 취업해 간다는 손자에게
그곳 지명을 물었다
손자 나이쯤이었을 때 한국전쟁에 참전하였다가
겨우 목숨 부지한 첸샤우웬 노인,
누굴 위해 싸웠느냐고 묻는다면
무얼 얻으려고 싸웠느냐고 묻는다면
여태까지 물어본 중국인도 없지만
대답할 말이 없는 첸샤우웬 노인,
그때 자신에게 우군이었던 북조선이 아니라
적군이었던 한국으로 손자가 돈 벌러 간다는 말에
한국에는 미안해지기도 하고
북조선에는 씁쓸해지기도 하는 첸샤우웬 노인,
자신에게는 전쟁해야 할 상대가 없었고
자신을 상대로 전쟁하려 한 적(敵)도 없었으므로
국가가 내린 명령을 배신했어도
한 인간으로는 부끄러울 게 없었겠지만

젊은 나이에 피할 수 있는 명령이 아니었다고
나이 들어서야 생각해보는 첸샤우웬 노인,
중국 농촌에서 가난하게 죽어갈 첸샤우웬 노인,
한국 농촌에 축산 노동자로 취업해 간다는 손자에게
재차 그곳 지명을 물었다
자신이 쏘아댔던 총소리가 묻혀 있을지도 모르는
그곳에서 돈 벌어 몸성히 돌아오기를 빌면서

보따리상

중년 여인 아나스타시야 씨는 러시아 보따리상이었다
아버지를 저세상으로 보내드리고
이내 한국 갈 채비를 차렸다

아버지는 젊어 가봤던
북위 삼십팔도 이북에
늙어 꼭 가보고 싶어했으나
딸 아나스타시야 씨 따라
한국을 관광하고 온 뒤로
나라의 운명은 누구도
예상하지 못하는 것이라고 속생각했다
한국전쟁이 터지기 전
북한에 주둔한 러시아군에서
사병으로 복무했던 아버지는 말년에
한국 오가며 장사하는
딸 아나스타시야 씨 덕분에
궁핍하던 러시아에서 궁하지 않게 지냈지만

끝내 북한을 관광하지 못했다

중년 여인 아나스타시야 씨는 러시아 보따리상이었다
북한이 한국보다 잘산 적이 있었다는 말씀을
아버지한테 들었어도 과거지사로 여길 뿐
오늘도 잘사는 한국 가서 제때 신제품 사오는 것이
더 긴요하고 화급한 용무였다

그 이유

한국에도 필리핀에도
독재 정권이 들어섰다가 물러났는데
필리핀은 가난하고 한국은 부유한
그 이유를 정말 이해할 수 없는
다 늙은 노인네 모이세스 티안도그 씨는
한국보다 잘살았던 필리핀의 팔팔한 군인으로
한국전쟁에 참전했다가 박수 받고 돌아왔는데
한국보다 못사는 필리핀의 팔팔한 청년으로
한국 공장에 취업했다가 돌아온 손자가
무시당했다는 말을 해서
그 이유도 도무지 이해할 수 없었다

필리핀에서 한국으로
자신이 전투병으로 갔다가
부상병이 되어 돌아온 지 오십여 년 만에
손자가 이주노동자로 갔다가
장애인이 되어 돌아온 사실 앞에서

다 늙은 노인네 모이세스 티안도그 씨는
잘사는 나라 한국이 아직도 휴전 중이라는 것도
한국의 전장과 한국의 공장이
못사는 나라 필리핀에서도 가장 한미한
사신의 집안에만 상저를 입히는 것도
아무래도 그 이유를 이해할 수 없었다

바이어

남한 회사와 제품을 구매하기로
계약한 앤서니 캠벨 씨,
남한과 북한 사이가 어떻게 되든
전혀 알 바가 아니다
북한 공장에서 미싱으로 박은 옷들을
남한 회사에서 제 날짜에 선적하는 것을
앤서니 캠벨 씨는 예삿일로 여긴다
아버지가 한국전에 참전했다가 죽고
유복자로 자라난 앤서니 캠벨 씨,
바이어가 된 뒤로
일 년에 몇 번씩 방문하지만
자신의 나이만큼이나 오랜 세월 동안
남한과 북한이 서로 으르렁거리고 있다고 하니
아버지의 짧았던 일생을 일체 말하지 않는다
남한과 북한 사이가 틀어지는 사건이 생겨
생산 일정에 차질이 오면
그것은 남한 회사와 북한 공장이 해결해야 할 일,

앤서니 캠벨 씨의 고민거리가 아니다
남한 회사와 거래하는 무역상으로서
국가 간의 문제를 이해해주면서까지
손해 봐야 할 이유가 전혀 없는 영국인 바이어,
항상 계약서대로 점검하는 앤서니 캠벨 씨,
북한에도 유감없고 남한에도 유감없다

푸념

찰리 워싱턴 씨는 가난한 한국계 미국 흑인
외가에 다녀온 적 없다
돈을 벌기 위해 자원입대한 아버지가
주둔군 병사로 근무하던 한국에서
어머니를 만나 결혼하고는
미국으로 돌아왔다는 말을
찰리 워싱턴 씨는 들었지만
왜 남북한이 휴전했는지
부모님은 설명해주지 않았고
그 때문에 두 분이 만났는데도
피차 관심거리로 삼지 않았다
부모님이 만년에 이르러서
찰리 워싱턴 씨에게 한 푸념으로는
미국으로 돌아왔던 신혼 시절부터
아버지가 막노동으로 번 돈을
어머니가 조금씩 송금해주어서
한국에서 대학까지 공부한

동생들이 더 잘살게 되었으나
인사하러 한 번도 찾아오지 않았다고 했다
이것을 사실로 믿어야 할지 망설이는
찰리 워싱턴 씨는 가난한 한국계 미국 흑인
부모님이 부부의 연을 맺었다는
그때 그 나이쯤 되고 나니
외가에 다녀오고 싶다

요구

내가 전화 걸어 한국말로 인사했더니
그가 대뜸 어떤 놈이냐고 반말했다

그는 타고난 재주를
북한에선 써먹을 데 없어 월남했고
남한에선 밥벌이가 되지 않아 도일(渡日)했다, 고
환쟁이인 그가 일본에서 삽화를 그려
명성을 얻기 시작하자,
친한계와 친북계가 접촉하려고 했으나
양쪽 편 다 상종하지 않았다, 고 알려져 있었다

일본에서 출판 산업이 발전할수록
그는 더욱더 많은 삽화를 그렸으며
한국에서 어느 출판사가 청탁하게 되었을 때
그 일을 맡은 나는 어렵사리 그를 만났다

전화 걸어서 인사하면

대뜸 어떤 놈이냐고 반말하는 까닭을
내가 물었더니
일본에서 전화 걸어 한국말 하는 사람들은
친한계이거나 친북계인데
한쪽 편하고만 친하게 지내기를 요구하기 때문에
그렇게 대거리한다고
그가 대답했다

경우

내가 한국에서 관광하러 왔다고 말했더니
중년은 어디 있는 나라냐고 물었고
남한과 북한으로 나누어져 있다는 설명도 더했더니
왜 나누어져 있냐고 또 물어 어안이 벙벙했다
미국 시민인 중년이
아시아 동쪽에 있는 한국을 모르는 걸
나는 당연하게 받아들이지 못했다

청년이 동티모르에서 취업하러 왔다고 말했을 때
나는 어디 있는 나라냐고 물었고
동티모르와 서티모르로 나누어져 있다는 설명도 더해서
왜 나누어져 있냐고 또 물었더니 난감해했다
한국 시민인 내가
아시아 동남쪽에 있는 동티모르를 모르는 걸
청년은 당연하게 받아들였다

미국이 군대를 주둔시킨 분단된 한국을

미국 시민이 모르는 경우와
한국이 군대를 파병한 분단된 동티모르를
한국 시민이 모르는 경우,
거기엔 같은 이유가 있었으니
각자의 개인적 문제와 상대국이 관련 없었기 때문 아닐까

미국 시민이 한국을 모르는 걸
내가 당연하게 받아들이지 못하는 경우와
한국 시민이 동티모르를 모르는 걸
청년이 당연하게 받아들이는 경우,
거기엔 같지 않은 이유가 있었으니
각국의 분단과 상대국이 다르게 관련되었기 때문 아닐까

한 끼쯤

텅캄 씨는 탈북자들을 만나본 적 없어도
이따금 들은 소문 있어 호기심을 가진다

라오스에서 중국으로 국경 마을을 다니며
보따리장사 하는 텅캄 씨가 보기에는
국경선 하나로 막혀 있는 북한과 남한에서
같은 말을 쓰면서도 먹고살기 위하여
자유롭게 오가지 못한다는 게 이해되지 않는다

북한에서 중국으로 다시 라오스로,
한 번 더 국경을 넘어가 수개월 감옥생활 하고 나서야
겨우 남한으로 입국한다는 탈북자들, 그리고
라오스와 중국과 마찬가지로 공산주의 한다는
북한이라는 나라를 알 수 없어 하는 텅캄 씨는
오로지 먹고살기 위하여 말이 다른 타국으로
탈출한다는 건 꿈조차 꾸지 않는다

라오스에서 태어난 가난한 텅캄 씨는
중국에서 태어난 가난한 중국인들과 장사하지만
북한에서 태어난 가난한 탈북자들과 마주치면
한 끼쯤은 둘러앉아 같이 먹고 길 떠나게 하고 싶다
서로의 말을 알지 못하여 묻고 들을 수 없어도

아이들

선재 브라운 씨는 그럭저럭 오래 살았다
육이오전쟁 때 자신을 업고 집 떠난
한국인 친부모님은 피난길에 폭사하였고
한국 이름으로 자신을 불러주던
미국인 양부모님은 수년 전에 병사하였다

이북 출생 전쟁고아들 중에서
일찍 입양되어 공부하고 결혼하고
자식들 다 키워 제 길 떠나보냈으니
자신은 운이 좋지만
다른 아이들은 어느 나라에서
어떤 어른이 되어 있는지 궁금해하는
선재 브라운 씨,
어쨌거나 이상국(理想國)을 세우겠다며
전쟁하여 부모 자식 갈라놓은 자들은
철면피한 범죄자라고 단정했다

친부모님도 죽었고 양부모님도 죽었고
선재 브라운 씨도 이래저래 죽을 것이다
그 전에 여전히 휴전 중인 한반도,
근래 북한에서 탈출하는 아이들이 많다고 하니
자신의 고아원 시절 몰골을 떠올리며
입양해 데려오고 싶으나
너무 늙은 탓에 뒤척이는 밤이 잦다
아, 아이들이 태어났으면
저마다 한 번은 살고 싶은 대로 살아야지 않는가, 하며

신상품

한국으로 가려는 여자를
북조선이 거저 내준
새로운 상품쯤으로 여기는
한족 아버지와 조선족 어머니 사이에 태어난
왕지안주는 조선말을 할 수 있어
쉽사리 여자에게 거짓말할 수 있었다

여자가 몇 날 며칠 배곯고
어디서도 땟거리를 구할 수 없으면
집을 나와서 도망친다는 걸 모르는
북조선이 저기 있는 한
여자가 기를 쓰고 찾아가려 해도
함부로 들어갈 수 없는
한국이 저기 있는 한
상품은 무한정 새롭게 생기겠다며
왕지안주는 히죽 웃었다

젊은 왕지안주는 겉늙은 한족 홀아비와
여자와 돈을 맞교환하면서
국경을 넘어오게끔 굶주리게 하는
북조선에게 속으로 은근히 고마워했다

제3부

시민과 시인

텔레비전의 북한 뉴스에서
직장에 나가는 시민들이 보이면
시를 쓰러 출근하는 시인들이 섞여 있을까,
나는 엉뚱한 생각을 한다
시인들이 국가로부터 주문받은 대로
시를 써서 제출하고 난 뒤
귀가해서 입맛에 맞는 밥을 해 먹고
편한 옷으로 갈아입고 잠을 잔다면,
그럴 수 있는 봉급을 국가가 약속했다면
시민들도 그 시를 읽으며 잘 지낼 수 있을까,
나는 몹시 의문스러워한다
남한에서 시인인 나를 시민들은 전혀 알지 못하니
국가가 나의 생계를 책임지지 않는 걸 당연시하며
북한 뉴스가 끝나면 텔레비전을 끄고
시민과 시인과 시의 관계를 이리저리 고민하다가
국가로부터 청탁받지 못한 걸 다행스러워하며
나는 시를 쓰려고 책상 앞에 앉는다

저항시의 시효가 끝나고, 서정시의 시효가 끝나고,

대다수 남한 시인들은 저항시의 시효가 끝나고
자신을 들여다보고 싶은 시대라서
쓰는 족족 서정시가 된다고 한다
하, 나에게는 그런 내면이 없다

가까운 남한 국민들과 같은 말소리를 하는
먼 북한 인민들에게서 들려오는 말소리에
웃음기보다는 울음기가 더 많이 들어 있어
이명인지 환청인지 의문하는 동안
나는 대다수 남한 시인들이 쓰는 서정시를 쓸 수가 없다
하, 나에게는 그런 감정이 없다

들은 그대로 본 그대로
수식어와 수사를 떼어내고
나는 시를 쓰는데
저항시도 되지 않고
서정시도 되지 않는다

저항도 없고 서정도 없는 시를 쓰는
북한 시인들을 이해하기도 하면서 이해 못 하기도 하면서
나는 쓰고 있지만
하, 나의 시를 무슨 시라고 해야 할까

방북의 방식

탈북자 돕기에 나선 지인이
나에게 북한에 다녀왔느냐고 물었다
가지 못했다고 대답했더니
문인방북단에 끼여서
한 번도 다녀오지 않았느냐고 다시 물었다
한 번도 가지 않았다고 대답했더니
왜 그렇게 되었느냐고 또다시 물었다
모르겠다고 대답했더니
더는 묻지 않았다

지인의 물음에는
배고파 죽은 아사자와
배고파 도망치는 탈출자가
북한엔 수없이 많은데
글로 쓰지 못하는 북한 문인들과
역시 글로 쓰지 않는 남한 문인들을
은근히 조롱하고 싸잡아 비난하는 뜻이 숨어 있어

나는 얼굴이 화끈거렸다
남한 문인들과 북한 문인들이 만났을 때
굶주리는 인간의 문제에 대하여 대화했을까

나는 북한에 가보지 않았다
나는 북한에 가보지 못했다
여비를 준비하고 여행 계획을 세우면
주한 대사관에 찾아가 비자를 신청하고 발급받아
여권만 들고 입국하여 떠돌아다니다가 출국할 수 있는
여타 국가가 아니라는 사실 새삼 깨닫는다
당장 나는 북한에 갈 수 없다

어느 월북 시인을 생각함

그 시인이 자진해서 북한으로 갔다는 행적을 알았을 때
다른 국가를 찾으려고 한 이유를 알려고
그이의 시집 복사본을 구해 읽었다

그 시인이 북한에서 권력자를 칭송하는 시를 썼다는 행적을 알았을 때
사상에 짓눌렸거나 목숨을 부지하기 위해서 한 행위로 보여
그이의 시집 복사본을 덮었다

그이의 시집을 소지했다는 이유만으로
군부 독재 정권에 체포되었던 한 문학가의 글들에 사로잡혔다가
내가 어렵사리 벗어났을 때
그 시인이 북한에서 숙청당했다는 사실도 알았다
남한에서 나는 시집 원본을 끝내 구하지 못했으나
그이가 마침내 절필을 했을까

그이가 드디어 시인이 된 걸 후회했을까
그이가 비로소 꿈꾸던 세상에서 풀려나 편안해했을까
나는 궁금하고 궁금했다
또 궁금했다, 시인의 운명은 권력에 다가서는 순간 끝장날까

그 시인이 북한에서 강제수용소에 끌려가 죽었다는 사실마저 알았을 때
아무리 다른 국가를 찾으려 했다 해도
시인과 권력자는 함께해선 안 되었다고 중얼거리며
그이의 시집 복사본을 다시 읽어보기 위해 책장을 뒤적거렸다
지금 북한 시인들 중엔 이제 남한에서 자진해서 간 시인이 남아 있지 않을 것이다

비상금

가난한 시인인 아버지가
문인방북단의 일원으로 북한 다녀오겠다 하니
시집간 가난한 젊은 딸이
손지갑 깊숙이 간직하던 비상금을 털어 환전한
몇 십 달러를 손에 쥐여주더라고
나에게 귓속말했다

북한에서 저녁을 맞은 남한 문인들이
노래방 가서 마이크 잡고 노는데
서빙 하는 북한 처녀가
시집간 딸보다 더 가난하게 보여
시인은 아무쪼록 비상금으로 간직하라고
몇 십 달러를 손에 쥐여주었다며
나를 보며 씁쓰레했다

그러고 나서 남한으로 돌아오는 날까지도
시인은 그 북한 처녀를 다시는 보지 못하고

기념품 사는 남한 문인들만 구경했다고 덧붙였다
선물 하나도 마련하지 못하고 귀가해서
시집간 가난한 젊은 딸에게 한없이 미안하더라며
시인이 싱긋, 웃기에 나도 싱긋, 웃었다

서정춘 시인이 사석에서 들려준 일화를 변용하였다.

문예 공무원

지나간 한 시절 친구는
통일이 되면 문예 공무원이 되어
청사로 출근하고 싶다고
나에게 말하곤 했다

국가에 절박한 문제가 문예라고 생각해선지
자신이 희망하는 직업이 공무원이라고 생각해선지
제대로 설명한 적 없지만
남북 주민들을 위해 문예 공무원이 되겠다는
친구의 꿈만은 분명했다

통일하면 다 좋은가 물으면 통일하면 다 좋다고 답하던 그즈음엔
문예가 거리에서 던져지던 돌멩이 같았는데
통일이 되면 문예 공무원이 되어서
무엇을 공무로 삼아 봉사할 수 있다고 생각했을까 친구는
집집마다 돌아다니며 시를 낭송하게 할 수 있을까

사람마다 산문을 쓰게 할 수 있을까
아이마다 동화책을 읽게 할 수 있을까
나는 고개 갸웃했다

이즈음엔 남한의 자본력과 북한의 노동력이 결합해야
통일을 할 수 있다고 믿게 된 친구가
마침내 문예 공무원이 되기를 포기하고
남북 주민들을 잘살게 하기 위하여
통일 전이든 후든 사업가가 되겠다고 각오를 다졌을 때
난 고개 끄덕였다

남북상징어사전

내가 산등성마루로 올라갈 때
너는 상수리로 올라간다고 말해서
같이 산행을 하면서
상수리나무 열매로 올라가는
너를 상상하고는 갸웃했다

내가 드라이클리닝 할 옷을 맡기러 세탁소에 갈 때
너는 화학빨래를 시키러 가느냐고 묻고
내가 원피스를 입은 너에게 멋지다고 칭찬했더니
너는 달린옷이 멋지지 않느냐고 되물어서 멋쩍었다

우리가 처음 만난 자리에서
내가 막 피어나는 꽃봉오리를 따러 가자, 고 청했을 때
너는 조국의 앞날을 떠메고 나갈 어린 세대를 딸 수 없다, 고 거절했고
내가 나는 사람이다, 고 주장했을 때
너는 네가 혁명과 건설의 주인이 아니다, 고 응수했다

꽃봉오리와 **사람**이란 각 낱말의 상징을
우리가 각각 다르게 해석해서 쓰던 그날부터
둘 중 하나는 자신이 알고 있는 낱말을 버려야
한곳에서 같이 살 수 있다는 사실에 어리둥절했다

밥의 시간

국민들 중 누군가
뷔페식당에서 한중일양식 섞어 먹고 나와
집에서 게트림 즐길 시간에
남한에서 살고 있는 나는
풍요의 씁쓸한 절망을 생각하며 밥 꾹, 꾹, 씹는다

인민들 중 누군가
민둥산에서 산야초 뜯어 먹고는
양지쪽에서 구역질 견딜 시간에
북한에서 살고 있지 않은 나는
기아의 처절한 절망을 생각하며 밥 꾹, 꾹, 씹는다

태어났으니 죽을 때까지 먹고살려면
북한에선 체제에 순응하지 않을 수 없기 때문에
북한 시인에게 저항과 서정을 노래하기를
기대한다는 것은 맞지 않다는 해석이 있다
한목숨 오로지 먹고살기 위하여

저항과 서정을 노래하지 말아야 한다면
그것은 인간적으로 이해할 순 있다
하지만 인민들 중 누군가 먹고살 수 없어서
북한에서 죽음을 무릅쓰고 국경을 넘는데
북한 시인들 제각각 어떻게 속생각할까
남한 시인들 제각각 무엇을 속생각할까
나는 의문하면서
세 끼 쌀 안치고 뜸 들기를 기다리는
탈북한 국민들 중 누군가의 애잔한 희망을 생각, 생각,
한다
북한에서도 제각각 남한에서도 제각각
시인들이 밥 챙겨 자실 시간에 생각, 생각, 한다

제4부

트레킹

오늘 북한 인민들 동네에 자가용 세워놓고
남한 국민들이 트레킹 할 수 없어 다행이다
매연 내뿜고 운전해 달려가 정차해놓곤
출발지에서 목적지까지
걸어갔다가 돌아서 걸어오는 트레커들은
어떤 위대한 사색이라도
집 나와 첫발 떼면서부터 시작해
동네 안길 다 걷고 나면
그만 끝내야 한다는 걸 왜 알지 못할까
발자국 남길수록 에움길과 자드락길이
산등성과 산골짝 뒤섞는다는 걸 왜 모를까
북한에 자유롭게 내왕할 수 있게 되면
남한 국민들은 트레킹 하지 말았으면 한다
오직 트레킹 하기 위하여
신발 신고 모자 쓰고 유니폼 입고 륙색 메면
똑같이 해볼 수 없는 북한 인민들은 등 돌리고
동네 안길 걸어서 집에 들어가버릴 것이다

도라꾸 운전수

아버지는 도라꾸 운전수
육이오전쟁 터지자 징발되어
군수품 실어 나르거나 요인들 태워 다녔다고 하고
그 덕에 우리 가족도 타고
무사히 피난하였다가 집에 돌아왔다고 한다

아버지는 도라꾸 운전수
육이오전쟁 끝난 이듬해 태어난 나는
예닐곱 살 적에 아버지 옆자리에 앉아 졸며
대처로 다녔던 기억이 있다
곡식 가마들 실은 도라꾸 타고 달리면
아버지가 입김 불어서 닦은 앞 유리창으로
나무들 뛰어들어와서 나를 녹음으로 덮어놓고 뛰어나가면
나는 꾸벅꾸벅 졸았고
산봉우리들 날아들어 와서 나를 능선으로 묶어놓고 날아 나가면

나는 꼼짝 않고 앞만 바라보았고
강줄기들 굽이쳐 들어왔다가 나를 흔들어놓고 굽이쳐 나가면
나는 속 울렁거려서 칭얼거렸다

요새 와서 그 시절 생각해보면
육이오전쟁 동안
병자들 태워 다니거나 시신들 실어 나르다가
집에 돌아온 지 십 년밖에 안 됐을 무렵이니
아버지는 도라꾸 운전수
운전석에 앉으면 정신 놓지 않으려고
휴전 후 태어나 통통하게 자라는 나를
조수석에 앉혔는가 보다 싶다
내가 손가락으로 선범이 누군지 가리킬 수 있게 된 지금
아버지는 운전대 놓은 두 손으로 유택을 다듬으며 누워 지내신나

세계지도와 지구의

어렸을 때 커다란 종이에 인쇄된 세계지도를 보고는
왼쪽 가장자리에 위치한 아프리카와
오른쪽 가장자리에 위치한 아메리카가
서로 가장 멀리 떨어진 대륙이고
그 중심에 한국이 있다고 생각했다

어렸을 때 둥그런 지구의에 인쇄된 세계지도를 보고는
모든 대륙이 중심이 될 수 있고
그 가장자리에 각 나라가 있을 수 있다고 생각했다

옆 동네도 놀러 오가지 못하던
어렸던 그때, 잡생각 많이 했다
왜 아메리카인들이 가까운 아시아인들을 놔두고
머나먼 아프리카인들을 노예로 끌고 갔는지
왜 유럽인들과 아메리카인들이
아시아인들을 지배하러 왔는지
왜 육이오전쟁 때는 육대주에서 군인들이

남한 땅과 북한 땅으로 들어왔는지

내가 지구의 중심에 머물고 있다는 생각도
네가 지구의 가장자리에 머물고 있다는 생각도
똑같은 생각이라고 여기게 된 나이 든 요즘,
벽지에 붙은 세계지도를 훑어보면
책상 위 지구의에 붙은 세계지도를 돌려보면
남한에서 갈 수 없는 나라는 북한밖에 없다

드라이브 코스

북한이 일부 도로를 드라이브 코스로 정해
남한 국민들에게 유료로 개방한다면
주말이면 입북하는 승용차들로 붐빌 것이다

남한에선 아내에게 핸들을 맡기는 나도
북한에 간다면 옆자리에 아내를 태우고
직접 운전하며 통행료를 지불하고
수신되지 않는 라디오를 끄고
안내하지 않는 내비게이션을 끄고
정해진 드라이브 코스를 서행할 것인가
옆길로 슬그머니 빠지려고 호시탐탐 살피며
브레이크와 가속페달을 번갈아 밟을 것인가
한눈팔다가 앞차와 추돌하는 바람에
견인차에 끌려 되돌아오고 말 것인가
끝까지 무사히 드라이브 코스를 돌면서
산과 강과 들판을 구경하고
이질적인 풍경을 머릿속에 담고 와선

돈 아깝다고 북한에 두 번 놀러 가지 않으려는
아내에게 장단을 맞추어줄 것인가

다시는 드라이브하러 입북하지 못하는 일이 있더라도
나는 직진으로 서행하는 도중에
잽싸게 우회전해 마을에 들어서서
북한 인민들과 인사하고 물 한 모금을 얻어 마시고
옷차림새와 살림살이를 살펴본 뒤
시시콜콜 쌀값도 반찬값도 옷값도 듣고 돌아오겠다

정전(停戰)

북한이 국지적으로 도발한다는 속보가 나오자
전면전을 하면
탈북자는 남한이 이긴다고 언성을 높이고
한국인은 남한 주민이 죽는다고 맞고함을 치다가
두 사람이 싸움질을 시작했다

전쟁을 하면
탈북자는 제 이웃이었던 북한 주민의 폭사를 예상하기보다는
북한 정권이 붕괴된다는 기대가 컸을 것이고,
한국인은 남한 정권의 승리를 원하기보다는
제 이웃인 남한 주민이 폭사한다는 염려가 컸을 것이다

전쟁의 시작과 끝은
순전히 남한 정권과 북한 정권에 달려 있고
그 어느 것도 남한 주민과 북한 주민이 택할 수 없다는 걸
탈북자와 한국인은 너무나 잘 알아서

피차 상대에게 화풀이한 게 아니었을까

북한이 국지적인 도발을 중단했다는 속보가 나왔을 때
두 사람은 이미 심하게 다쳐서
더 이상 싸움질을 계속할 수 없었다

주가(株價)

남한에 본사 둔 의류 회사가
북한에선 임금 적게 주고
상품 많이 만들 수 있어
공장 설립했다
이익 커진다고 판단했는지
외국계 투자회사들이 이 회사 주식 매수하자 주가 폭등했고
한국인 소액 투자자들이 덩달아 사들여 재미 봤다

남북한 주민들은 이해할 수 없는
남북한 당국 간의 문제 때문에
공장 문 닫혔다
손실 커진다고 판단했는지
외국계 투자회사들이 이 회사 주식 매도하자 주가 폭락했고
한국인 소액 투자자들이 덩달아 내다팔아 거덜 났다

공장 철수되어
북한 노동자들과 남한 관리자들이
각자 남북한의 집으로 돌아가 쉬었다
손실 줄어든다고 판단했는지
외국계 투자회사들이 이 회사 주식 다시 매수하자 주가 폭등했고
한국인 소액 투자자들이 덩달아 다시 사들여 재미 봤다

남한에 본사 둔 의류 회사가
북한에 다시는 진출하지 않고
베트남에 공장 설립하기로 발표했다
이익이 날 수 있다고 판단했는지
외국계 투자회사들이 이 회사 주식 또다시 매수하자 주가 폭등했고
한국인 소액 투자자들이 덩달아 또다시 사들여 재미 봤다

우문(愚問)

남한에서 터 잡고 사는 중년 여자에게
북한에서 어떻게 지냈느냐고 기자가 물었더니
시체를 넘고 넘어 일 나간 적도 있었다고
총 맞아 죽는 것이 굶어 죽는 것보다
고통이 덜하겠다 싶어 탈출했다, 고 대답했다

남북 관계를 어떻게 해야 하느냐고
직장인이 된 중년 여자에게 기자가 물었더니
남한의 기업가들이 올라가서 공장을 많이 지어
북한의 노동자들에게 일자리를 많이 마련해주면
먹을거리가 많아져서 통일이 된다, 고 대답했다

이젠 밥걱정 하지 않아도 된다는 중년 여자에게
남한에 데려올 가족이 있느냐고 기자가 물었더니
북한에서 데려오려면 돈이 많이 드는데
그럴 만한 형편은 아니다, 고 대답했다

오로지 밥을 먹고 살아가기 위하여
도무지 상상도 되지 않는 월경을 감행하여
반평생 세뇌당한 사상도 쉽게 잊어버린
중년 여자에게 기자는 더 물을 질문이 없었다

여행 예정자들

남한 국민들이
서울에 있는 중국 대사관이나 러시아 대사관에 가서
관광 비자 발급받아
중국이나 러시아로 구경 갈 수 있으니
북한 인민들도
평양에 있는 중국 대사관이나 러시아 대사관에 가서
관광 비자 발급받아
중국이나 러시아로 구경 갈 수 있다

중국이나 러시아에서
남한 국민들과 북한 인민들이
형편에 따라 가격이 다른
숙박업소 정하고 식사하고 술 마시다가
떠들썩한 말소리가 귀에 익으면 일어나서
악수하고 통성명하고
술잔 채워주며 술맛 맛보이다가
취하여 너나들이하면서

관광 기념으로 한 병씩 산
중국산 고량주나 러시아산 보드카나
서로 주거니 받거니 다 비울 수 있다

최소한 또는 최대한 각각의 조국에서
곡식과 햇볕과 그늘 넉넉히 가졌다면

남한 국민들이나 북한 인민들이
중국이나 러시아에 놀러 가서 마주칠 수 있고
그러면 여행 가방 깊숙이 꼬불쳐둔
남한산 술병과 북한산 술병 꺼내
슬그머니 맞바꾸어
집에 가지고 갈 수 있다

자동차전용도로
—상상도

남한 쪽에서 북한 쪽으로 자동차전용도로를 닦는다면
비무장지대 위 공중에다
남한의 기술로 고가도로를 놓을 수 있을 것이다
바다 위에 대륙과 섬을 잇는 긴 다리 놓듯이

남한 쪽에서 북한 쪽으로 자동차전용도로를 닦는다면
비무장지대 아래 땅속에다
남한의 기술로 지하 터널을 뚫을 수 있을 것이다
바다 아래 대륙과 섬을 잇는 지하 터널 뚫듯이

이미 남한 전역에서
산봉우리와 산봉우리 사이에 다리를 놓고
산봉우리마다 터널을 뚫어
자동차 도로로 연결하여 축지를 했듯이
비무장지대 지맥을 축소하여
먼 거리를 가깝게 하는 축지법으로
자동차전용도로를 놓는다면

성질 급한 남한 사람들이 좋아하겠다(북한 사람들은 모르겠다!)

야생동물들은 길이 끊어지지 않아 좋아할까

아무개 씨의 퇴근
—상상도

아무개 씨는 쌀을 사려다가 관두고
햄버거와 콜라를 가족 수대로 사서 들고는
통근 열차를 타고 파주에서 개풍으로 퇴근한다

아무개 씨는 계좌로 입금된 첫 봉급 액수를 떠올리며
핸드백에서 봉급 명세서를 꺼내 살펴본다
회사에서 세금을 떼어 남한에 냈는데
은행에서 돈을 찾아 북한에서 쓰면 되는지
조금 의아스럽기는 해도 무척 만족스럽다

차창 밖 가을 풍경을 내다보며
생애 가장 행복한 날이라고 생각하는 이는
아무개 씨뿐만 아니라 좌석에 앉아서
첫 봉급으로 산 선물 꾸러미를 만지작거리며
퇴근하는 북한 노동자들 모두 다다

정시에 출발한 통근 열차가

들판을 가로지르다가 강을 따라가다가
산모롱이를 돌다가 산골짝으로 들어가다가
마을마다 북한 노동자들을 내려놓고 달릴 때
아무개 씨는 허기지던 날들의 눈물을 다시 툭, 흘린다

생태보호지역
—상상도

비무장지대에 드나들도록
남북 양쪽에 만들어놓은 출입구에
남한 관리자들과 북한 노동자들이 걸어서
아침에 출근하고 저녁에 퇴근한다

남측에서는 자본을 대고
북측에서는 노동을 대어서
공동 사업으로 비무장지대를
생태보호지역으로 지정하고
관광객들은 구경하러 들어오지 못하게 하고
땅속으로 아예 지하 차도를 내어
남북 양쪽을 맞바로 통과하게 한다

남북 양쪽에 접한 생태보호지역에
남한 관리자들과 북한 노동자들이 모여서
풀꽃들의 냄새를 퍼뜨리기 위해
나무들의 그늘을 퍼지게 하기 위해

곤충들의 더듬이질을 계속하게 하기 위해
새들의 날갯짓을 소리 나게 하기 위해
계획을 짜고 정성을 들인다

사철이 와서 머물다 가는 비무장지대에
봄이면 풀꽃들이 싹을 내밀고
여름이면 나무들이 우듬지를 넓히고
가을이면 곤충들이 바닥으로 떨어지고
겨울이면 새들이 공중을 날아가는 날마다
남한 관리자들은 남한으로 제때 퇴근하고
북한 노동자들은 북한으로 제때 퇴근하여
낮에 한 일을 가족들과 이야깃감으로 삼으며 쉬고
이튿날 출근하여 어저께 일을 되풀이한다

쇼핑

—상상도

아내에게 우산과 양산을 사 주려고
남편은 남한을 다녀올 계획을 짠다

북한 공단에 근무하러 온
남한 여성이 쓴 우산과 양산을
남편은 일 년 내내 보아왔다

눈비 오는 날에는 우산을 쓰고
햇볕 따가운 날에는 양산을 쓴
남한 여성이 혼자 걸어가며
우산을 빙그르르 돌릴 땐
눈비가 구름을 감으며 돌고
양산을 빙그르르 돌릴 땐
햇볕이 그늘을 감으며 돌았다

아내에게 그런 멋진 즐거움을 주고 싶어
남편은 남한에 쇼핑하러 갈 계획을 짜면서

만약에 우산과 양산을 사고도 돈이 남으면
구단이 다른 프로야구 모자 두 개를 사와서
아들이랑 삭삭 좋아하는 걸 골라 쓰고
함께 중계방송을 봐야겠다며
남북 출입 통행증을 확인한다

한국산(韓國産)

—상상도

남한은 북한과 가까워지려고
풀숲을 밀어 도로를 닦고
산기슭을 깎아 공장을 짓는다
북한 인민들한테 일자리를 주면
도로를 더 닦을 수 있고
공장을 더 지을 수 있다

그러면 통근 버스를 타고
아스콘 포장된 도로를 지나와
녹음 짙은 공장에서 노동하는
북한 인민들이 훨씬 더 많아지고,
남한은 다시 또 도로를 더 닦을 수 있고
공장을 더 지을 수 있다

각 공장마다 북한 인민들이 만들어낸
한국산 상품들이 다른 나라로 팔려 나가고
대금이 남한으로 입금되면

북한 인민들에게 인건비를 지불한다

도롯가에는 풀꽃들이 피어
통근 버스가 출퇴근 시간이면 서행하고
공상 둘레에는 나무들이 우거져서
북한 인민들이 휴식 시간이면 나와 쉰다

제5부

첫술

김귀례 씨는 밥상 앞에 앉으면
첫술을 떠서 밥그릇에 따로 담아둔다
끼니때마다 속죄하는 방법이다

김귀례 씨는 죽은 딸의 몫을 챙겨두고
밥을 먹어야 종일 배가 고프지 않다
남한에 온 뒤로 첫술을 남겨서
북한에서 굶어 죽은 딸의 젯밥으로 삼는다

숟가락으로 꾹꾹 눌렀다가 뜨는 첫술을
김귀례 씨는 깜박하고 입에 넣는 날도 있다
그런 날엔 마지막 한술을 남겨둔다
당연히 눈물이 밥그릇에 툭, 툭툭……

자동입출금기

꾼 돈을 갚으려고 은행에 송금하러 가서
김 씨는 자동입출금기 앞에 선다
신용카드 한 장으로 돈을 쓸 수 있는 곳이
사방에 널려 있는 남한이 지상낙원 같다

못사는 북한이 아마도 잘사는 남한과
가장 먼저 개통하고 싶은 것은
남한 친척이 언제든지 북한 친척에게
돈을 보낼 수 있는 시스템일 것이다

북한 은행이 남한 은행과 업무 제휴 협약을 맺으면
김 씨는 자동입출금기에서 마음대로 송금할 수 있어서
다달이 어머니에게도 생활비를 보낼 날이
멀지 않았다고 짐짓 낙관한다

더욱이나 일을 많이 해 여윳돈이 생기는 날
김 씨는 한밤중에 잠을 청하다가

북한을 탈출할 때 등 떠밀던 어머니가 떠오르면
벌떡 일어나 신용카드 한 장만 들고 은행 가서
자동입출금기에 넣고 화면을 손가락으로 터치하여
잔고 한 푼 남기지 않고 송금할 수 있겠다 싶다

남한 내비게이션

차 씨는 가장 가지고 싶었던 승용차를 구입했다
탈북 전에는 그저 바라보며 걸어 다니며
탈북 중에는 접경지대까지 옮겨 다니며
탈북 후에는 버스 타고 일 다니며
출발지와 도착지 사이를 줄이고 싶었던
차 씨는 이제 꿈을 이룰 수 있게 되었다
남한의 지리를 잘 알지 못해도
내비게이션을 작동시켜
행선지를 찾아갈 수 있는 차 씨,
북한의 지리를 잘 알지 못해도
옛집을 찾아줄 내비게이션을 장착한
승용차를 운전할 수 있어 행복한 차 씨,
탈북하면서 뒷걸음질 친 적이 얼마였던가
후진을 모르는 내비게이션이 가장 마음에 들었다
출발할 때 제일 빨리 가는 길을 안내하다가도
운전자가 임의로 좌회전하면 다시 바로 잡아주고
우회전해도 다시 바로 잡아주면서 기어코 직진시키는

내비게이션이 있으니 귀향길 걱정하지 않아도 되는데
차 씨가 그러나 남한과 북한 사이에 길을 줄일 수는 없었다
승용차 운전석에 앉은 차 씨는
처음으로 시동을 걸자마자 그만 행선지를 잊었다

비 오는 날의 라면

북한에 있을 때 남한에서 보내온
라면을 맛보았던 박수희 씨는
남한에 와선 비 오는 날 끓여 먹으며
수해 난 그해를 떠올린다

남한에 비를 뿌리기 시작하던
장마전선이 북상해
북한에 비를 뿌리기 시작하더니
폭우로 바뀌어 쏟아져서
나무를 베어내고 민둥산에 만든
계단식 밭을 쓸어내리며
마을을 덮치고 말았다
박수희 씨네 가족들은
창졸간에 집을 잃어버리고
라면을 배급받아 끼니를 때웠다

그때 생전 처음 먹어본

라면의 맛이 입안에 남아서
박수희 씨는 남한에선 비만 오면
점심으로 라면을 끓여 먹으며
창밖 푸른 산을 이따금 내다본다
북한에는 아직도 산에 나무들이 없을까

도마 소리

남편 고 씨는 잠 깨고 나서도 이불 속에서 뭉그적거리며
아내 박 씨가 부엌에서 토드락거리는 도마 소리 듣는다
무채 써는가 마늘 다지는가
시장기 느껴진다
군침 돈다
남한이 이런 곳인가
북한에서 탈출하기 수년 전부터
아내 박 씨는 부엌에서 토드락거리는 도마 소리 내지 못했다
국 끓일 나물이 없었다
나물 무칠 양념이 없었다
아내는 남한에 정착하면 반찬 많이 해 밥 실컷 먹고 싶다더니
북한에선 맛도 보지 못한 요리 날마다 끼니마다 해댄다
남편 고 씨는 마른침 삼키며 토드락거리는 도마 소리 듣는다
할아버지는 할머니 위해 아버지는 어머니 위해

숫돌에 식칼 갈았고
할머니는 할아버지 위해 어머니는 아버지 위해
무채 썰고 마늘 다졌지만
북한에선 아침 일찍 협동농장에 밭 매러 갈 준비하느라
할아버지도 아버지도 이불 속에서 도마 소리 듣진 못했을 것이다
남편 고 씨가 아내 박 씨를 위해
숫돌에 식칼 갈려고 이불 속에서 나오자
아내 박 씨가 부엌에서 토드락거리는 도마 소리 멈춘다

햇일

양 씨 아주마이가 한국에 들어온 지
햇수로 벌써 오 년째
등에 아기를 업은 채
밭두둑에 옥수수 씨를 심는데
바람이 거칠다
북조선에서 파종하던 날에도
흙바람이 불었다고
양 씨 아주마이는 웃옷을 꼭꼭 여몄다
한국에서 산 이래로
해마다 봄철만 되면
양 씨 아주마이는 굶어 죽을까 봐
습관처럼 옥수수 씨를 심는 것이었다
북조선 협동농장에선
올해에도 다들 바람에 콜록거리며
옥수수 씨를 심을 것이다
갑자기 허기를 느낀 양 씨 아주마이는
옥수수 씨 한 알을 깨물다가

한국에서 결혼하여 낳은
아기가 칭얼거리자
가슴 쪽으로 돌려 안고
오물오물 씹어서 입에 넣어준다

탈북 남녀

탈북남 김시영 씨와 탈북녀 김시영 씨,
같은 북한에서 태어났으나
한 번도 마주친 적 없고
같은 남한에서 살고 있으나
한 번도 만난 적 없다

그래서 둘이 동일하게 아는 게 없는
탈북남 김시영 씨와 탈북녀 김시영 씨,
북한에선 나이가 같았고
학벌이 같았고 직업이 같았어도
남한에 와선 주소지가 달랐고
거래 은행이 달랐고 잔고가 달랐다

그보다도 지금은 제각각 열심히 사는
탈북남 김시영 씨와 탈북녀 김시영 씨,
남한에 들어오기 위해 떠돌았던 제삼국에서도
다른 시간에 다른 장소에서

나무 그늘에 앉는 자세가 달랐고
산을 바라보는 눈초리가 달랐고
바람 소리를 들으며 꾸는 꿈이 달랐다
제삭삭 자신이 가장 김시영답다고 믿었던
탈북남 김시영 씨와 탈북녀 김시영 씨,
한 번도 자리를 같이한 적 없으니
서로 그런 따위를 알 리 없었다

킬힐

북한에서는 꿈도 꾸지 못했다
잘 먹지 못해 키 작은 그녀는
남한에 와서 가장 좋은 것은
키를 12센티미터나 키워서
낯선 여자들과 앞서거니 뒤서거니
거리를 걸어갈 수 있게 된 일이다

키 크다 해서
더 잘할 수 있는 일이 따로 있지도 않고
어떤 종교에서도 키를 키우라고 설파하지도 않는데
사람들은 왜 하늘 가까이 정수리를 두려고만 할까

아무튼 그녀는 북한에서도
키가 작아
종종 슬플 때가 있었다
배고파도 나뭇가지에서 열매를 딸 수 없었고
소중한 장난감을 천장에 숨겨놓지 못했고

어른이 시켜도 선반에서 물건을 내리지 못했다

남한에서 다리가 미끈해지고
엉덩이가 올라가서 아름답게 보인다니
그녀는 기꺼이 킬힐을 신는다

떼돈

탈북에는 성공했어도 운이 더는 따라주지 않았는지
마 씨가 경마장에서 선택한 말마다 뒤처졌다
원래 자신이 잡은 패가 늘 패하는 것이
도박의 이치라는 걸 몰랐다

말이 마 씨의 사정을 헤아려줄 처지가 아니었고
마 씨가 말의 실정을 짚어낼 재간이 없었다
그저 경주로를 달리는 경주마와
마권을 손에 쥔 손님 사이에 지나지 않았다

그래도 승률을 알 수 없는 탈북보다는
돈 놓고 돈 먹기가 훨씬 쉬워 보였다
경마장을 찾기 시작한 지 얼마 되지 않아
마 씨는 정착금을 다 날려버렸다

남한에선 밤에 도둑질하지 않고서도
대낮에 경마장에서 떼돈 벌 수 있는 것을

북한에선 상상도 못 한 일이었다
그랬기에 마 씨는 빈털터리가 되어도
재수 없어 생긴 일도 지부해버렸나

춘하추동

지방 소도시 임대 아파트 단지 공원 정자에
북한에서 탈출한 여인들이 모여 앉아 웅얼거리면
베트남에서 시집온 여인들이 모여 앉아 재잘거리면
서로 못 본 척했다

북한 출신 여인들은 겨울이면 바람 속에서
베트남 출신 여인들은 여름이면 햇볕 아래서
은근히 고향 집을 그리워한다는 걸
서로 말하지 않아도 알았다

북한 출신 여인들과 베트남 출신 여인들은
꽃들 수런거리는 소리와 잎들 부스럭거리는 소리를
잘 들을 줄 아는 귀를 가졌는지
봄가을엔 집집마다 창문을 열고 멀리 내다보았다

지난날 공산주의 국가에서 살았던 점이 같고
지금 한국에서 지방 소도시 임대 아파트 단지에서 사는

처지가 같아도

북한 출신 여인들과 베트남 출신 여인들은 마주치면 살짝 웃을 뿐
한데 어울리다가 남한 여인과 다른 티를 보이고 싶진 않았다

여인 천하

북한에서 탈출한 최귀림 씨와
베트남에서 시집온 메이 씨와
필리핀에서 취업 온 글로리아 씨와
연변에서 친척 방문했다 주저앉은 김화자 씨가
지방 소도시에서 만난 지 일 년이 지났다

네 여자가 각기 다른 나라에서 한국으로 건너와
한동네 지하 봉제공장에서 봉제공이 되었으니
겉으로는 보통 인연이 아니라고들 하면서도
속으로는 팔자 사나운 여자들로 여겼다

말이 공장이지, 네 여자가 전 직원인 봉제공장에서
야근도 같이하는 여주인도 빚 때문에
앞날이 보이지 않기는 피차 마찬가지,
남한과 북한이 사이좋지 못하면 경기 더 나빠져
주문량이 줄어들곤 해서 봉급 제때 주지도 못했다

최귀림 씨가 향수병에 시달리는 날이면
메이 씨가 입덧하는 날이면
글로리아 씨가 생리통 앓는 날이면
김화자 씨가 갱년기 장애로 힘겨워하는 날이면
여주인이 스트레스 받는 날이면
그런 날엔 그런 여자 혼자 쉬게 하고
다섯 사람 작업량을 네 여자가 나누어 처리하고도
정시에 퇴근하였다

도보 귀향

—상상도

남한에 온 그가
휴전선이 없어진 길을 걸어서
북한으로 돌아간다

넓은 찻길에선 빠른 걸음으로 걸어가며
새로 지은 공장이 있는지 찾아보면서
좁은 밭둑길에선 느린 걸음으로 걸으며
한 해 작황을 눈대중해보면서

고향 집에 다른 인민이 들어와서
주린 배를 겨우 채우고 있으면
그때쯤 안주머니에 넣어둔
달러를 만지작거리며
한 푼 적선하는 게 좋을지 망설이면서
남한에서 싸가지고 간 생수 한 컵
먼저 따라주어 목 축이게 한 다음
김밥과 단무지를 꺼내 건넨다

그는 혼자 길을 걸어서
한국에서 북한으로 간다
모시고 오지 못해 행방불명된
늙으신 부모님을 찾으러
동네 구석구석을 살피며 다닌다

해설 · 시인의 말

전지구적 자본주의 시대 탈분단시의 가능성

장성규 문학평론가

1. 분단 체제의 변화에 따른 시적 사유의 진전

하종오의 새 시집을 읽기 전에, 먼저 그의 시적 행적을 잠시 살펴볼 필요가 있을 듯하다. 우선 1980년대 민중문학의 흐름 속에서 당대 분단 현실에 대한 심도 깊은 천착을 보여준 작품들을 들 수 있다. 그의 첫 시집인 『벼는 벼끼리 피는 피끼리』에 수록된 작품들이 이를 단적으로 보여주는데, 이 작품들은 냉전 체제 속에서 공고화된 분단 현실에 대한 인식과 이의 극복에 대한 열망을 뜨겁게 형상화하고 있다. 이제 문학사적 정전(canon)의 하나로 자리매김한 하종오의 당시 작품을 먼저 살펴보자.

우리야 우리끼리 하는 말로
태어나면서도 넓디넓은
평야 이루기 위해 태어났제
아무데서나 푸릇푸릇 하늘로 잎 돋아내고
아무데서나 버려져도 흙에 뿌리박았는기라

먼 곳으로 흐르던 물줄기도 찾아보고
날뛰던 송장메뚜기 잠재우기도 하고
농부들이 흘린 땀을 거름 삼기도 하면서
우리야 살기는 함께 살았제
오뉴월 하루볕이 무섭게 익어서
처음으로 서로 안고 부끄러워 고개 숙였는기라
우리야 우리 마음대로 할 것 같으면
총알받이 땅 지뢰밭에 알알이 씨앗으로 묻혔다가
터지면 흩어져 이쪽 저쪽 움돋아
우리나라 평야 이루며 살고 싶었제
우리야 참말로 참말로 참말로
갈라설 수 없어 이 땅에서 흔들리고 있는기라

_「벼는 벼끼리 피는 피끼리」 전문

위의 작품은 민중적 언어를 통해 분단 체제를 극복하고 조국의 자주적 통일을 이루기 위한 시적 열망을 절실하게 표현하고 있다. 굳이 시에 대한 해설을 덧붙이지 않아도 '벼'–'우리'와 '피'–'외세'의 대립 구도가 전면화되어 당대 외세에 의해 강요된 분단 체제 극복의 의지가 시적 파토스로 표출되고 있음을 쉽게 알 수 있다. 이와 같은 인식은 지금은 널리 알려진 것이지만, 1980년대라는 시대적 상황을 고려한다면 만만치 않은 시적 사유를 선취한 작품으로 평가될 수 있다. 이러한 시적 흐름은 이후 『분단동이 아비들하고 통일동이 아들들하고』 등의 시집을 통해 1990년대까지 지속적으로 유지된다.

그런데 위의 작품에서 나타나는 '우리'와 '외세'의 대립 구도는, 현재적 관점에서 보자면 다소 거친 구분이기도 할 것이다. 기실 매우 다기한 양상으로 표출되는 남북한 인민의 삶을 '우리'라는 틀로 환원시키는 순간 또 다른 형태의 전체적 억압이 도래할 개연성 역시 잠재되기 때문이다. 더불어 자본주의 세계 체제의 급격한 변화 속에서 위와 같은 민족과 외세의 이분법적 사유가 여전히 유효한지에 대한 문제 제기 역시 가능할 것이다.

이러한 맥락에서 2000년대 이후 하종오의 시가 보다 확장된 시야를 담지한다는 점이 주목된다. 2000년대 이후 이른바 일국 단위를 넘어서는 전지구적 자본주의 체제가 확립되기 시작하며, 이는 남북한 사회에도 엄청난 파급력을 행사한다. 이러한 과정에서 하종오는 변화된 전지구적 자본주의 시대, 국경을 넘어 존재하는 주변부 인민들의 삶에 대한 정치한 인식과 탐구를 진행하는 것으로 시적 모색의 방향을 바꾼다. 『국경 없는 공장』부터 가장 최근에 출간된 『제국(諸國 또는 帝國)』에 이르기까지의 일련의 작품들이 이에 해당할 것이다. 이들 작품은 공통적으로 전지구적 자본주의 시스템의 운동 메커니즘과, 이로부터 억압된 주변부 인민들의 현실에 초점을 맞춘다. 특히 주목되는 것은 그의 시적 사유가 과거 저항적 민족주의적 감수성을 넘어서, 우리 내부의 타자들, 즉 이주 노동자 등으로 대표되는 제삼세계 인민들에 대한 교감으로까지 나아가고 있다는 점이다. 이를 통해 그는 과거 일련의 분단 극복 의지를 담은 시들이 지닌 민족주의적 감수성의 한계를 극복하고, 전지구적 자본주의 체제 속에서 주변부 인민들 간의 연대의 가능성을 모색하는 성과를 낳고 있다. 이는 특히 1980년대 민중문학의 흐름 속에서 작품 활

동을 활발히 진행하던 많은 시인들이, 정작 2000년대 이후 변화된 체제 속에서 새로운 시적 저항의 좌표를 충실히 모색하지 못한 것을 상기할 때, 중요한 시사적 성과라고 할 수 있을 것이다.

그리고 2011년, 하종오의 새 시집 『남북상징어사전』은 1980년대 그가 지향한 분단 극복의 의지와 2000년대 그가 탐구한 새로운 체제에 대한 인식을 변증시켜, 변화된 정치경제학적 구조 속에서 새로운 탈분단시의 어법의 가능성을 표출한다. 이를 한마디로 '전지구적 자본주의 시대 탈분단시의 가능성'이라고 명명할 수 있을 듯하다. 즉, 전지구적 자본주의 체제라는 세계사적 보편성과 분단이라는 한반도의 특수성을 변증시켜 우리에게 새로운 시적 사유의 일단을 제시하고 있다는 점에서 이번 하종오 시집의 문학사적 의의가 있을 것이다. 이제 그 성과를 차근차근 살펴보며 우리 문학에 요구되는 탈분단시의 한 가능성을 추출할 차례이다.

2. 저항시에 대한 자기 성찰의 무게감

과거 민족주의적 감수성에 입각한 분단 극복의 시편들은, 이제 낡은 것으로 치부되는 것이 현실이다. 그리고 그 자리에 새로운 서정의 시편들이 우리 시의 주류적 흐름으로 자리 잡고 있다. 그러나 정작 저항시의 어떠한 측면이 극복되어야 하며, 새로운 서정시는 어떠한 어법을 획득해야 하는가에 대한 치열한 시적 자의식은 찾아보기 어려운 것도 분명한 사실이다. 이런 현실에서 다음과 같은 하종오의 자기 고백은 큰 울림을 지닌다.

대다수 남한 시인들은 저항시의 시효가 끝나고
자신을 들여다보고 싶은 시대라서
쓰는 족족 서정시가 된다고 한다
하, 나에게는 그런 내면이 없다

가까운 남한 국민들과 같은 말소리를 하는
먼 북한 인민들에게서 들려오는 말소리에
웃음기보다는 울음기가 더 많이 들어 있어
이명인지 환청인지 의문하는 동안
나는 대다수 남한 시인들이 쓰는 서정시를 쓸 수가 없다
하, 나에게는 그런 감정이 없다

들은 그대로 본 그대로
수식어와 수사를 떼어내고
나는 시를 쓰는데
저항시도 되지 않고
서정시도 되지 않는다
저항도 없고 서정도 없는 시를 쓰는
북한 시인들을 이해하기도 하면서 이해 못 하기도 하면서
나는 쓰고 있지만
하, 나의 시를 무슨 시라고 해야 할까
—「저항시의 시효가 끝나고, 서정시의 시효가 끝나고」 전문

분명 지금은 "저항시의 시효가 끝나고/자신을 들여다보고 싶은 시대"이다. 문제는 "자신을 들여다보"는 시적 행위는 어떻

게 가능한가에 대한 치열한 시적 성찰이다. "자신을 들여다보"는 것이 자폐적 층위에 그치지 않기 위해서는 시적 주체와 타자 간의 윤리적인 관계 맺음에 대한 모색이 필수적이다. 이러한 타자에 대한 인식이 부재한 채 도래한 "자신을 들여다보고 싶은 시대"의 "서정시"는 진정한 '서정'에 이르지 못하는 자폐적 내면의 토로에 멈추기 쉽다.

따라서 진정한 "서정시"의 시대는 타자의 목소리를 먼저 들으려는 시적 주체의 윤리적 행위를 통해서만 도래할 수 있다. 서정이 서정의 이름에 값하기 위해서는 타자와의 교감이 선행되어야 하기 때문이다. 이런 점에서 하종오가 "먼 북한 인민들에게서 들려오는 말소리에/웃음기보다는 울음기가 더 많이 들어 있어" 서정시를 쓸 수 없다고 진술하는 것은 중요하다. 왜냐하면 그는 "자신을 들여다보고 싶은 시대"를 성급히 수용하기 이전에, 분단 체제의 타자인 "북한 인민들에게서 들려오는 말소리"를 먼저 듣고자 하기 때문이다. 적어도 과거 분단 모순에 대한 진지한 탐구를 진행했던 시인이라면, 성급한 "서정시"의 시대를 선언하기 이전에, 서정에 전제되는 타자의 목소리를 복원시키려는 시적 고투가 선행되어야 한다. 그럴 때 비로소 분단 체제에 의해 억압된 타자와의 교감을 시도하는 윤리적인 서정이 가능하기 때문이다.

따라서 하종오가 자신의 시에 대해 "저항시도 되지 않고/서정시도 되지 않는다"고 진술하는 것은 필연적이다. 과거 분단 극복을 지향했던 문학이 감상적 민족주의의 한계로 인해 그 유효성을 상실한 시대, 생경한 구호에 그치는 저항시가 미적 감동을 줄 수 없음은 분명한 사실이기 때문이다. 동시에 분단 체제의 타자인 북한 인민의 목소리를 소거시킨 서정이란 기실 자폐적인 층위를 벗어나지 못하는 것이기에 고립적인 내면의 토로에 그치는 서정시가 그 진정성을 확보할 수 없음 역시 분명한 사실이기 때문이다. 그러하기에 이 시의 결말이 "나는 쓰고 있지만/하, 나의 시를 무슨 시라고 해야 할까"라는 진술로 귀결되는 것은 정직하다. 정확히 우리 시대의 시는 낡은 규범은 사라졌으나 새로운 규범은 창출되지 않은 이 지점에 놓여져 있기 때문이다.

그러나 언제나 뛰어난 시편들은 이론적 규범보다 먼저 출몰하기 마련이다. 하종오 역시 '낡은 규범'을 극복할 '새로운 규범'의 일단을 구체적인 작품들을 통해 보여주고 있다. 그렇다면 이제 그가 제시하는 탈분단시의 새로운 규범의 가능성들을 꼼꼼히 살펴볼 차례이다.

3. 낀 존재(in between)로서의 남한 자본주의에 대한 성찰

새로운 탈분단시의 모색을 위한 하종오의 작업은 우선 현재 시인이 위치한 남한 사회의 반(半)주변부적 성격에 대한 역사적인 탐구로부터 진행된다. 과거 제국의 신식민지로서 일방적인 착취와 수탈의 대상이던 남한은, 이제 전지구적 자본주의 체제 속에서 반주변부의 위상을 점하며, 주변부 인민에 대한 중심부 제국의 작취와 수탈을 대행하는 기묘한 하위 제국의 역할을 수행하게 되었다. 동시에 중심부 제국에 의해서는 여전히 착취와 수탈의 대상으로 존재하는 낀 존재로서의 위상이 남한에 새롭게 부여된다. 이에 대한 정직한 응시로부터 과거 민족주의적 감수성의 근본적인 극복이 가능하다는 점은 명확하다. 더욱이 제삼세계 주변부의 많은 인민들이 과거 한국전쟁으로 인해 직간접적인 상처를 받았다는 점을 고려할 때, 이는 더욱 중요한 작업일 것이다. 이러한 맥락에서 예컨대 다음과 같은 작품은 소중하다.

한국에도 필리핀에도
독재 정권이 들어섰다가 물러났는데
필리핀은 가난하고 한국은 부유한
그 이유를 정말 이해할 수 없는
다 늙은 노인네 모이세스 티안도그 씨는
한국보다 잘살았던 필리핀의 팔팔한 군인으로
한국전쟁에 참전했다가 박수 받고 돌아왔는데
한국보다 못사는 필리핀의 팔팔한 청년으로
한국 공장에 취업했다가 돌아온 손자가
무시당했다는 말을 해서
그 이유도 도무지 이해할 수 없었다

필리핀에서 한국으로
자신이 전투병으로 갔다가
부상병이 되어 돌아온 지 오십여 년 만에
손자가 이주노동자로 갔다가
장애인이 되어 돌아온 사실 앞에서
다 늙은 노인네 모이세스 티안도그 씨는

잘사는 나라 한국이 아직도 휴전중이라는 것도
한국의 전장과 한국의 공장이
못사는 나라 필리핀에서도 가장 한미한
자신의 집안에만 상처를 입히는 것도
아무래도 그 이유를 이해할 수 없었다

_「그 이유」 전문

제삼세계 주변부 인민인 "모이세스 티안도그 씨"는 과거 한국전쟁 당시 파병되었다가 "부상병이 되어 돌아온" 이력이 있다. 이 비극의 역사는 그 후 "오십여 년 만에" 그의 "손자가 이주노동자로 갔다고/장애인이 되어 돌아온" 사건을 통해 반복된다. 따라서 이러한 질문이, "모이세스 티안도그 씨"에게는 가능하다. "한국의 전장과 한국의 공장이/못사는 나라 필리핀에서도 가장 한미한/자신의 집안에만 상처를 입히는 것"은 도대체 무엇 때문인가? 이에 대한 답은 다음과 같은 작품에서 찾을 수 있다.

남한 회사와 제품을 구매하기로
계약한 앤서니 캠벨 씨,
남한과 북한 사이가 어떻게 되든
전혀 알 바가 아니다
북한 공장에서 비싱으로 만든 옷들을
남한 회사에서 제 날짜에 선적하는 것을
앤서니 캠벨 씨는 예삿일로 여긴다
아버지가 한국전에 참전했다가 죽고

유복자로 자라난 앤서니 캠벨 씨,
바이어가 된 뒤로
일 년에 몇 번씩 방문하지만
자신의 나이만큼이나 오랜 세월 동안
남한과 북한이 서로 으르렁거리고 있다고 하니
아버지의 짧았던 일생을 일체 말하지 않는다
남한과 북한 사이가 틀어지는 사건이 생겨
생산 일정에 차질이 오면
그것은 남한 회사와 북한 공장이 해결해야 할 일,
앤서니 캠벨 씨의 고민거리가 아니다
남한 회사와 거래하는 무역상으로서
국가 간의 문제를 이해해주면서까지
손해 봐야 할 이유가 전혀 없는 영국인 바이어,
항상 계약서대로 점검하는 앤서니 캠벨 씨,
북한에도 유감없고 남한에도 유감없다

_「바이어」 전문

남한은 반주변부 국가로서 필리핀의 주변부 인민인 "모이세스 티안도그 씨"의 손자에게는 착취를 자행하고 있으나, 동시에 남북의 분단은 중심부 제국의 일원인 "영국인 바이어" "앤서니 캠벨 씨"에게는 곧 무역상의 이윤을 남겨주는 구조로 작동한다. 즉, "북한 공장에서 미싱으로 박은 옷들을/남한 회사에서 제 날짜에 선적하는 것"은 단지 남북 간의 문제가 아니라 이미 전지구적 자본주의 체제 속에서 중심부 제국의 이윤창출이 개입하는 새로운 '시장'으로 편입되고 있는 것이다. 그러나 이 작품은 이러한 냉혹한 시장의 법칙에도 그늘이 존재함을 놓치지 않는다. "앤서니 캠벨 씨" 역시 "아버지가 한국전에 참전했다가 죽고/유복자로 자라난" 과거를 지니고 있기 때문이다.

과거 분단극복의 의지를 담은 시들이 급격히 위축된 근본적 원인 중 하나는 과도한 민족주의적 감수성으로 인해 분단 체제를 일국적 단위에서 사유했던 것이다. 특히 이 과정에서 일방적인 제국주의의 '희생자'로서의 남한의 존재만이 부각되었는데, 이는 2000년대 이후 급속히 자본주의 세계 체제의 반주변부로 편입된 남한의 특이한 낀 존재로서의 성격을 간과한 감이 있다. 그러나 분단 체제가 전지구적 자본주의 체제에 의해 규정되는 하위 범주이며, 따라서 이의 근본적인 극복은 변화된 남한 자본주의의 위상에 대한 치열한 자기 성찰로부터 가능하다는 점은 충분히 강조될 필요가 있다.

위의 작품에서 나타나는 시인의 인식을 통해 한국전쟁과 분단 체제는 단지 한반도에 국한된 일국적, 국지적 문제가 아닌, 전지구적 자본주의 체제의 이해관계가 복합적으로 얽혀 있는 문제임이 제시된다. 이로써 하종오는 분단의 문제를 전지구적 자본주의의 틀 속에서 폭넓게 탐구할 수 있는 시야를 확보하게 된다. 이러한 성과는 단지 하종오 개인의 것이 아니라, 1980년대 민중문학적 흐름 속에서 형성된 분단 극복의 의지를 담은 우리 시가 새로운 인식론적 방법론을 획득한 문학사적 사례로 기억될 필요가 있을 것이다.

4. 분단 체제의 변화와 위로부터의 통일 담론에 대한 비판

다른 한 편으로 하종오는 분단 체제의 변화에 따른 새로운 저항시의 가능성을 모색한다. 특히 그의 이번 시집에서 주목되는 것은 과거 절대적인 '선'으로 설정되었던 통일 담론이 남북한 지배 체제에 의해 포획된 지점을 폭로하고, 나아가 남북한 인민들에 의한 아래로부터의 탈분단이라는 새로운 시적 지향을 제시하고 있다는 점이다.

2000년대 이후 남한 자본주의의 급격한 성장과 북한 국가사회주의의 급격한 몰락 속에서, 통일 담론은 과거와 같이 남북한 인민의 정치적 급진성을 매개하는 역할보다는, 오히려 남한 자본과 북한 지배층에 의한 위로부터의 지배 담론으로 경화되는 경향이 있다. 이 과정에서 정작 남북한 인민들 간의 연대에 의한 아래로부터의 탈분단의 가능성은 점차 약화되고 있는 것이 냉정한 현실이다. 하종오는 이러한 외면하고 싶은 현실을 도저한 시선으로 직시하며 폭로한다.

남한에서 차 타고 가다 보면
시야가 확 트인 기슭이나 벌판에만
서 있는 야외 광고판을
북한에서도 보게 될 날을
광고기획자 하종오 씨는 손꼽는다

그날을 위하여
지도를 살펴보며 좋은 위치를 잡고

새로운 디자인과 설치 기술을 연구하고
구매력을 가진 소비자 수를 추산하는
멀지 않은 현재의 일에 그는 매력을 느낀다
남한에서 살아남은 기업은
북한에서도 살아남는다는 신념을 가진 그,
턱없는 낙관이기는 해도
남한의 자본과 북한의 노동이 결합하면
야외 광고판을 수두룩하게 세울 수 있다는 그,

그런 말이야 맞는 말이지만
광고기획자 하종오 씨는 북한에 가볼 수 없어
언제나 남한의 기준으로 구상해볼 뿐이다
산기슭이나 벌판에서 산야초 뜯어먹는 북한 인민들에게
야외 광고판이 먹히겠다고 판단하는 것이
난센스일지도 모른다고 그는 염려하면서도
남한에서 가능했으니 북한에서도 가능하다고 믿는다

_「광고기획자 하종오 씨의 구상」 전문

위의 작품은 끔찍하게도 점차 현실화되어가는 남한에 의한 북한의 흡수통일과 북한의 내부 식민지화 가능성을 정직하게 응시하고 있다. 남한의 "광고기획자 하종오 씨"에게 통일이란 아래로부터의 분단 체제 극복이 아니라, 단지 "구매력을 가진 소비자 수를 추산하는" 새로운 '시장'의 발견으로 인식될 따름이다. 이는 곧 "남한의 자본과 북한의 노동이 결합"되어 새로운 이윤 창출의 구조를 형성하려는 "남한의 기준"에 의한 "멀지 않은 현재의 일"로 표현된다. 이는 온전한 의미에서의 분단 극복, 즉 아래로부터의 남북한 지배 체제의 지양이라는 기획의 지난함과, 남한 자본에 의한 북한의 흡수통일의 가시화라는 냉철한 현실을 직시한 결과이다. 이러한 인식은 다음과 같은 작품에서도 나타난다.

하종오 씨는 고교생 시절에
금강산 관광했다
모범학생 통일교육 행사였던가
지금 성인이 된 하종오 씨는
정확하게 기억하지 못한다
기슭에 나무들 푸르고 골짝에 물 흐르는
금강산과 개인적인 정서도 인연도 없는
하종오 씨가 고교생으로 다녀왔다곤 해도
산봉우리 쳐다보고 왔을 뿐이어서
북한에 대해 어떤 감정도 가질 수 없었다

하종오 씨는 직장인 시절에
개성공단에 체류했다
완제품 점검하는 담당이었던가
지금 실업자가 된 하종오 씨는
남다른 감회 없다
공장 새로 세워지고 도로 잘 닦인
개성공단과 개인적인 손익도 연고도 없는
하종오 씨가 직장인으로 다녀왔다곤 해도
회사에서 봉급 받고 근무하고 왔을 뿐이어서

북한에 대해 어떤 판단도 내릴 수 없었다

하종오 씨는 남한에 대해서도
여행하면서 어떤 감정 가진 적 없고
노동하면서 어떤 판단 내린 적 없다
이전이나 이후에 더 많은 시절 힘겹게 산 하종오 씨는

_「실업자 하종오 씨의 시절들」 전문

위의 작품에서 "실업자"인 시적 화자는 "금강산 관광"이나 "개성공단"과 같은 남한 자본에 의한 남북 교류에 대해 "어떤 감정도 가질 수 없었다"고 진술한다. 왜냐하면 이는 각기 "모범 학생 통일교육 행사"와 "회사에서 봉급 받고 근무"하는 형식의 '위로부터의' 남북 교류에 지나지 않기 때문이다. 여기서 남북한 인민들 간의 생생한 충돌과 이로부터 생성되는 연대의 가능성은 애초부터 봉쇄되어 있다. 게다가 남북 관계와는 무관하게 시적 화자는 "이전이나 이후에 더 많은 시절 힘겹게 산" 인물일 따름이다. 온전한 의미의 탈분단이 남북한 지배 권력의 기묘한 적대적 공생 관계를 극복하며, 남북한 인민의 삶을 고양시키는 것이라면, 적어도 현재 남한 자본의 주도하에 진행되는 남북 교류란 어디까지나 위로부터의 통일 담론의 확산에 멈출 뿐이다. 여기에 정작 남북한 인민의 구체적인 삶에 대한 논의는 배제되어 있다. 과거 통일 담론이 강력한 저항 담론으로 기능한 것에 반해, 현재 남북한 지배 권력의 '야합'에 의한 그것은 또 다른 지배 이데올로기로 전화될 가능성마저 지니고 있다. 이와 같은 냉혹한 현실을 회피하는 대신 직시함으로써, 하종오는 우리 시대, 온전한 의미의 탈분단의 문제 설정을 복원하려는 시적 사유의 단초를 제시하는 데 성공하고 있다.

5. 주변부 인민들의 연대와 2000년대 저항시의 어법

그렇다면 우리 시는 무엇을 할 것인가? 남한 자본에 의한 흡수통일이 가시화되고 있는 지금, 아래로부터의 남북한 인민 간의 연대를 통한 탈분단의 가능성은 어디서 찾을 수 있는가? 바꾸어 말하자면 전지구적 자본주의 시대 탈분단시의 가능성은 과연 존재할 수 있는 것인가? 이에 대한 진지한 탐색의 일단을 다음과 같은 시에서 찾을 수 있다.

지방 소도시 임대 아파트 단지 공원 정자에
북한에서 탈출한 여인들이 모여 앉아 웅얼거리면
베트남에서 시집온 여인들이 모여 앉아 재잘거리면
서로 못 본 척했다

북한 출신 여인들은 겨울이면 바람 속에서
베트남 출신 여인들은 여름이면 햇볕 아래서
은근히 고향 집을 그리워한다는 걸
서로 말하지 않아도 알았다

북한 출신 여인들과 베트남 출신 여인들은
꽃들 수런거리는 소리와 잎들 부스럭거리는 소리를

잘 들을 줄 아는 귀를 가졌는지
봄가을엔 집집마다 창문을 열고 멀리 내다보았다

지난날 공산주의 국가에서 살았던 점이 같고
지금 한국에서 지방 소도시 임대 아파트 단지에서 사는 처지가 같아도
북한 출신 여인들과 베트남 출신 여인들은 마주치면 살짝 웃을 뿐
한데 어울리다가 남한 여인과 다른 티를 보이고 싶진 않았다

_「춘하추동」 전문

"북한에서 탈출한 여인들"과 "베트남에서 시집온 여인들"은 전자는 분단 체제의 경화로 인해, 후자는 전지구적 자본주의화에 의해 "지방 소도시 임대아파트단지"로 추방된 존재이다. 이들은 이런 맥락에서 주변부 인민들의 표상으로 기능한다. 이들은 바로 주변부 인민이라는 공통성을 통해 "서로 말하지 않아도" "은근히 고향집을 그리워한다는 걸" 아는, 공통감각을 획득한다. 이 공통감각은 나아가 "꽃들 수런거리는 소리와 잎들 부스럭거리는 소리"로 표상되는 입이 없는 존재들의 소리를 귀 기울여 듣는 것으로 확장되며, "남한 여인"이라는 주류적 존재들과는 달리 "마주치면 살짝 웃"는 것만으로 서로의 존재를 확인하는 역능으로 진화한다. 이들의 뚜렷한 발화가 아닌, "웅얼거"림과 "재잘거"림의 형식은, 주변부 인민 간의 연대를 추동하는 힘이라는 점에서 주목된다.

북한에서 탈출한 최귀림 씨와
베트남에서 시집온 메이 씨와
필리핀에서 취업 온 글로리아 씨와

연변에서 친척 방문했다 주저앉은 김화자 씨가
지방 소도시에서 만난 지 일 년이 지났다

네 여자가 각기 다른 나라에서 한국으로 건너와
한동네 지하 봉제공장에서 봉제공이 되었으니
겉으로는 보통 인연이 아니라고들 하면서도
속으로는 팔자 사나운 여자들로 여겼다

말이 공장이지, 네 여자가 전 직원인 봉제공장에서
야근도 같이하는 여 주인도 빚 때문에
앞날이 보이지 않기는 피차 마찬가지,
남한과 북한이 사이좋지 못하면 경기 더 나빠져
주문량이 줄어들곤 해서 봉급 제때 주지도 못했다

최귀림 씨가 향수병에 시달리는 날이면
메이 씨가 입덧하는 날이면
글로리아 씨가 생리통 앓는 날이면
김화자 씨가 갱년기 장애로 힘겨워하는 날이면
여 주인이 스트레스 받는 날이면
그런 날엔 그런 여자 혼자 쉬게 하고
다섯 사람 작업량을 네 여자가 나누어 처리하고도
정시에 퇴근하였다

—「여인 천하」 전문

"북한에서 탈출한 최귀림 씨", "베트남에서 시집온 메이 씨", "필리핀에서 취업 온 글로리아 씨", "연변에서 친척 방문했다 주저앉은 김화자 씨"는 모두 전지구적 자본주의 체제에서 소외된 주변부 인민이라는 공통점을 지닌다. 이들은 체제의 구축 과정에서 이주 노동자로 전락한 인물들이거나, 혹은 분단 체제의 경화 과정에서 탈북한 인민들이다. 이러한 처지는 비단 이들뿐만이 아니라 "빚 때문에/앞날이 보이지 않"아 "야근도 같이하는 여주인"도 마찬가지이다. 게다가 이들은 "남한과 북한이 사이좋지 못하면 경기 더 나빠져/주문량이 줄어들곤 해서 봉급 제때" 받지도 못하는 존재들이다. 결국 이들은 억압받는 주변부 인민들의 표상에 다름 아니다.

그렇다면 이러한 비루한 현실을 극복할 힘은 어디서부터 생성 가능한가? 이는 다름 아닌 이들 간의 소박한 '연대'로부터 가능하다. 주변부 인민들의 삶이 고달플 때, "그런 날엔 그런 여자 혼자 쉬게 하고/다섯 사람 작업량을 네 여자가 나누어 처리하고도/정시에 퇴근하"는 이들의 역능으로부터, 비로소 위로부터의 세계화와 분단 체제의 경화를 넘어서는 코뮌의 가능성이 도출된다. 그리고 이는 「춘하추동」에서 나타난 명징한 지배 담화가 아닌 "웅얼거"림과 "재잘거"림이라는 새로운 발화 형식이 구체적인 연대의 장면으로 표출되는 '사건'의 기록이라는 점에서 그 의미가 더욱 클 것이다.

6. 전지구적 자본주의 시대 탈분단시의 가능성

일국 단위를 뛰어넘는 위로부터의 전지구적 자본주의 체제의 구축과 남북한 지배층에 의한 분단 체제의 경화는, 변화된 시대에 맞는 새로운 탈분단시의 어법을 창출할 것을 요구하고 있다. 이는 일국적 단위에서 분단 체제를 사유하는 것, 혹은 감상적 민족주의에 입각하여 분단 극복의 의지를 표명하는 것 이상의 시적 사유가 필요함을 의미한다. 그러나 이러한 미학적 요구에도 불구하고, 아직까지 새로운 탈분단시의 어법에 대한 탐색은 절대적으로 부족한 것이 사실이다.

앞서 살펴본 것처럼 하종오는 한 편으로는 전지구적 자본주의 체제 속에서 주변부 인민의 삶에 천착하며, 다른 한 편으로는 분단 체제의 경화 속에서 남북한 인민 간의 연대를 통한 탈분단의 가능성에 천착하고 있다. 이 두 축의 시적 사유가 변증되며, 비로소 그는 전지구적 자본주의 시대 탈분단시의 가능성의 일단을 추출하는 데 성공하고 있다. 이는 탈북 인민과 이주노동자와 하층 여성과 제삼세계 인민 등 주변부 인민 간의 연대의 어법으로 나타난다.

기실 어느 누구도 전지구적 자본주의 시대 탈분단시의 지향에 대해 자신 있게 말할 수 없는 시대임은 분명한 사실이다. 그렇지만, 여전히 현실과의 마주침을 두려워하지 않는 시적 사유가 소중하다면, 아래로부터의 연대를 통한 새로운 어법의 모색은 우리 시의 핵심적인 과제라는 것 역시 분명한 사실이다. 새로운 시적 실험들은 난무하지만, 정작 이러한 실험들이 아래로부터의 연대의 언어를 창출하려는 자의식으로 발전하지 못하고 있는 것이 현재 우리 시의 현실이다. 이러한 현실에서 하종오의 시들은 우리에게 다시금 묻는다. 전지구적 자본주의 시대 탈분단시의 어법은 어떠해야 하는가? 답은 그 누구도 아닌, 문학과 현실 간의 새로운 관계 맺음을 고민하는 우리의 치열한 논의 속에서만 도출될 수 있을 것이다. 그리고 하종오의 시들은 이러한 논의를 추동하는 문학사적 사건으로 기억될 것이다. 여전히 우리 문학의 자리는 주변부 인민의 그것과 다르지 않기 때문이다.

분단 이후 생각이 다른 여러 사람들이 주창한 여러 통일론도, 그에 대한 다양한 견해도 나의 시각 밖으로 밀어내놓고 분단 현실을 직간접으로 관련된 남북 주민과 세계 시민의 입장에서 보면서 사실주의적 상상력으로 시를 쓰려고 했다.

2010년대 초의 분단 상황과 전 지구를 뒤덮는 세계 자본주의 체제에서 남한 국민과 북한 인민이 어떤 모습으로 살며, 그런 삶을 제각각 어떻게 넘어가는지, 세계 시민들과 어떤 관계를 맺으며 어디쯤에 놓여 있는지, 그 모든 점이 평화와 통일을 어떻게 실현하게 할는지도 주요한 시적 관심사였다.

1980년대에 분단 혹은 통일을 주제로 쓴 나의 시편과 이 시집이 어떤 속뜻으로 연결되는지 결락되는지 고민하면서, 남한 국민과 북한 인민이 통일을 위해 교류하고 소통할 수 있는 고유한 인간적 권리를 남북의 권력(자들)으로부터 확보하는 정서에 내 시가 스며들기를 희망한다. 남북 주민들이 직접 중심이 되지 않고 사회 각계의 권력

(자들)에 의해 통일이 추진된다면 진정하게 남북의 삶의 분단을 넘어설 수 있을까?

북한에 대해서 남한 시인들이 정직하지 못한 듯하다는 비난을 들을 때 나는 몹시 부끄러워짐을 어쩌지 못하겠다. 유독 내 시를 싫어하거나 나를 마음에 들어 하지 않는 분들은 이 시집 『남북상징어사전』도 외면하겠지만, 시는 나의 중심에 있고 나는 시의 변두리에 있으되 세계와 지구와 인간과 조국을 향해 가고 있다는 것을 내 시가 알고 있으니, 나는 시를 더 쓸 것이다.

—2011년 9월, 하종오

실천시선 194

남북상징어사전

2011년 9월 14일 1판 1쇄 찍음
2011년 9월 20일 1판 1쇄 펴냄

지은이 하종오
펴낸이 손택수
주간 이명원
편집 이상현, 한지은, 박준
디자인 풍영옥
관리 · 영업 김태일, 이용희

펴낸곳 (주)실천문학
등록 10-1221호(1995.10.26.)
주소 우121-820, 서울시 마포구 망원1동 377-1, 601호
전화 322-2161~5
팩스 322-2166
홈페이지 www.silcheon.com

ISBN 978-89-392-2194-9 03810

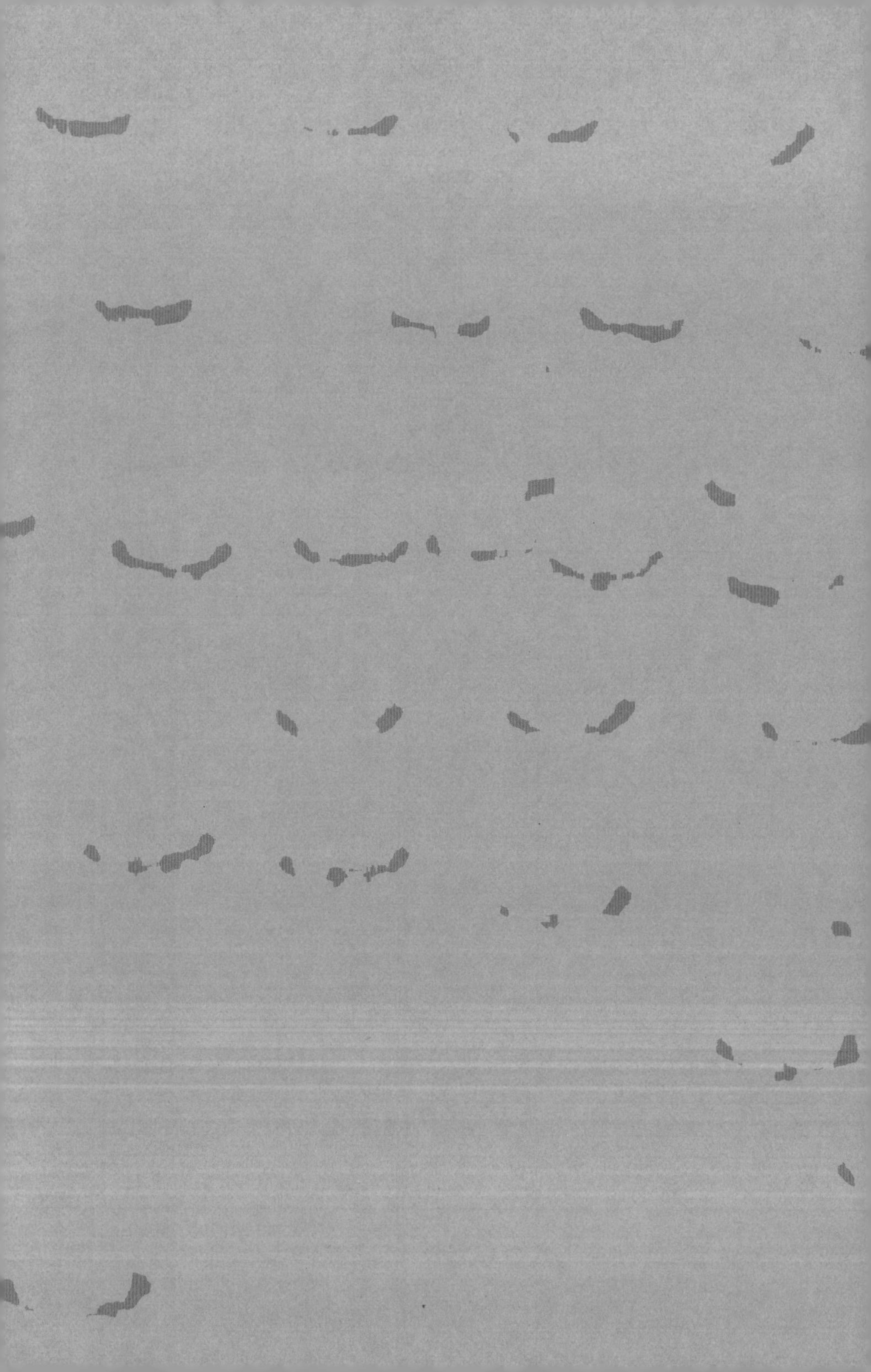

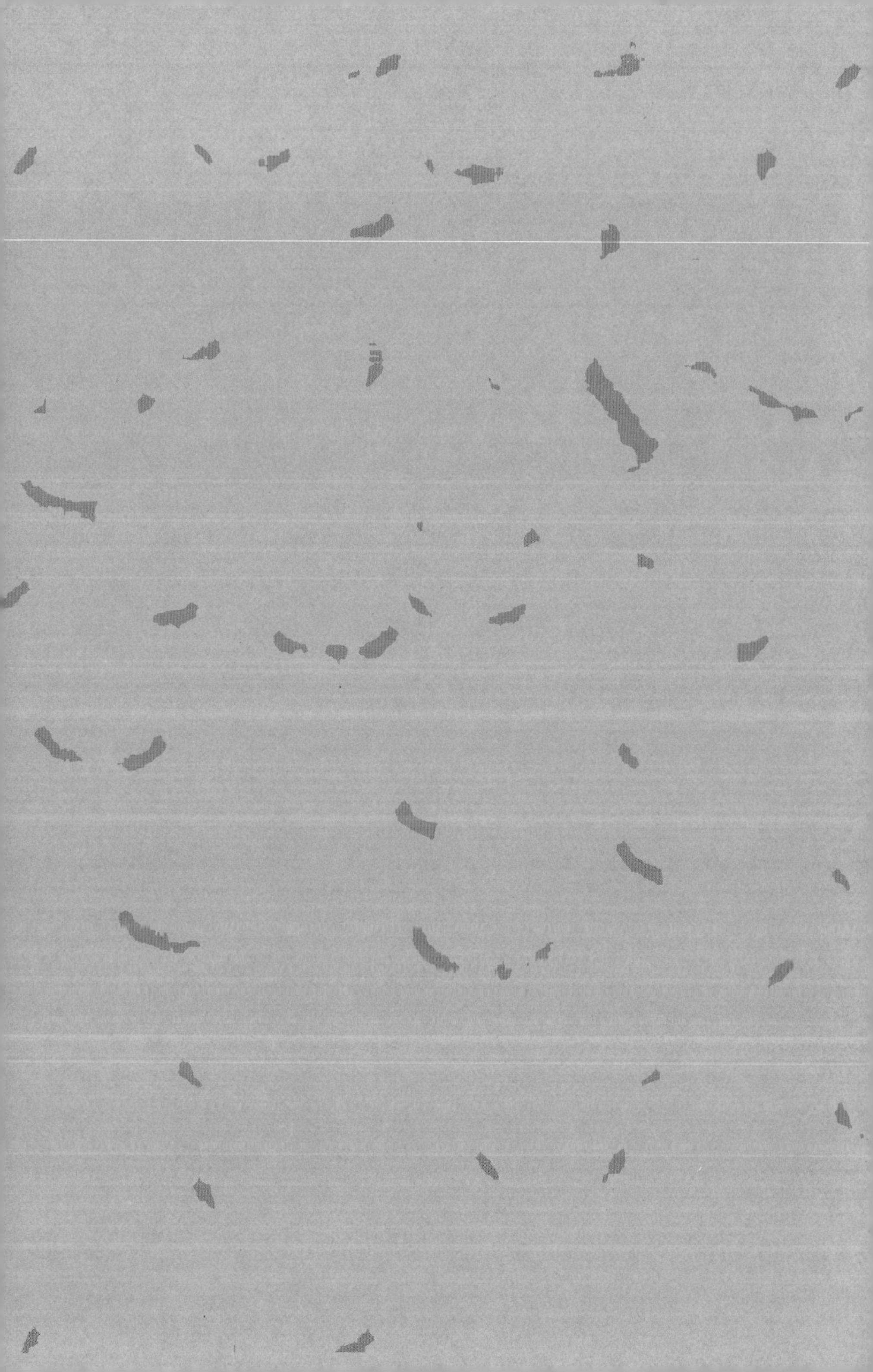